技术经济演进模式

迈向智能经济之路

唐怀坤 于萍萍 郭江帆 周 婷 ◎编著

人民邮电出版社

北 京

图书在版编目（ＣＩＰ）数据

技术经济演进模式：迈向智能经济之路 ／ 唐怀坤等
编著. -- 北京：人民邮电出版社，2022.3（2023.9重印）
ISBN 978-7-115-57336-0

Ⅰ．①技… Ⅱ．①唐… Ⅲ．①技术经济－经济模式－
研究 Ⅳ．①F062.4

中国版本图书馆CIP数据核字(2021)第181473号

内 容 提 要

本书以时间为轴，从人类历史发展规律中总结出技术经济的演进模式。本书将技术经济的演进分为 6 个发展
阶段，分别是采集经济、渔猎经济、农业经济、工业经济、数字经济、智能经济，每个发展阶段在当时都有着举
足轻重的影响力。随着科技的进步，虽然新的技术经济模式不断出现，但上一个阶段的技术经济模式依然在借助
后续生产力加速发展。本书的前半部分旨在探寻不同阶段技术经济的发展规律和它们之间的内在联系。本书的后
半部分一方面着重探讨技术经济演进理论在经济战略和决策中的应用；另一方面分析当前新型基础设施建设浪潮
中技术经济演进理论的实践。

在经济转型升级的大背景下，希望本书能为经济决策者提供一些有益参考。本书适合对技术经济发展感兴趣
的读者阅读。

♦ 编　著　唐怀坤　于萍萍　郭江帆　周　婷
　　责任编辑　赵　娟
　　责任印制　马振武
♦ 人民邮电出版社出版发行　　北京市丰台区成寿寺路 11 号
　　邮编　100164　　电子邮件　315@ptpress.com.cn
　　网址　https://www.ptpress.com.cn
　北京七彩京通数码快印有限公司印刷
♦ 开本：800×1000　1/16
　　印张：14　　　　　　　　　　2022 年 3 月第 1 版
　　字数：241 千字　　　　　　　2023 年 9 月北京第 5 次印刷

定价：89.90 元

读者服务热线：(010)81055493　印装质量热线：(010)81055316
反盗版热线：(010)81055315
广告经营许可证：京东市监广登字 20170147 号

策划委员会

殷　鹏　朱　强　陈　铭　郁建生

袁　源　朱晨鸣　袁　钦　倪晓炜

编审委员会

周　斌　徐啸峰　石启良　葛卫春　魏贤虎

戴春雷　刘海林　王　丽　蒋晓虞　施红霞

破译技术经济演进的"基因密码"

回顾改革开放40多年的发展历史，依靠后发优势、改革红利、技术引进、人口红利、产品出口、房地产、固定资产投资、消费等多重因素的拉动，我国经济得到了快速发展。而未来，这些因素中的大部分将不可持续。要想实现可持续发展，关键是要实现自主创新。在此背景下，我国需要加大对科技创新的支持力度，探索技术经济演进规律，制定更多切实可行的政策，提出行之有效的措施。我们希望本书所研究的技术经济演进规律的结论和模型，能为我国的高质量发展提供理论依据与决策支持。

如何探索技术经济的演进规律呢？让我们从认识自然发展规律谈起，认识和探索自然发展规律是人类孜孜以求的事业。公元前350年，亚里士多德认为遗传是以信息形式传递的；1865年，孟德尔发现遗传单元是独立的；1941—1944年，埃弗里证明了脱氧核糖核酸（Deoxyribo Nucleic Acid，DNA）是遗传信息的携带者；1961—1963年，遗传密码被破译。随着社会发展，人类的基因也在随着环境变化而不断进化，这种发展是动态的，是面向未来的。那么技术经济演进的"基因"能否被破译和认知呢？如果能找到技术经济演进的密码，就能找到其中的发展规律，巧合的是基因是双螺旋结构，而技术经济的演进也是双螺旋结构。技术与经济的双螺旋体现为问题与创新、需求与供给、生产力与生产关系相互交织着向前发展；并且不同时期、不同国家、不同地区、不同城市、不同企业的不平衡发展本身也正是一种"遗传密码"。我们通过总结这些历史信息，从中寻找可以借鉴的路径，拟合出未来技术经济发展的方向，并进行快速跟进与提前布局，这就是我们总结技术经济演进规律的宗旨。

本书将人类历史时间轴上的发展规律体现为技术经济演进模式，并总结出6个发展阶段：采集经济、渔猎经济、农业经济、工业经济、数字经济、智能经济。每个发展阶段在当时都有着举足轻重的影响力，产生主要影响力的经济形式的生产力在当时最高，是社会发展转型升级的原动力，也为后续技术经济阶段的出现奠定了基础。随着科技的进步，技术经济形式在不断变迁，但是上一个经济阶段依然在借助后续的生产力加速发展，这种阶段化发展的、前后作用的、复杂的技术经济演进关系属于复杂科学的研究范畴。如果能够找到其中的发展规律和内在联系，我国便能在激烈的国际竞争环境中通过政策引导占得先机，还能推动经济的可持续发展；各省（自治区、直辖市）在经济发展中，也能准确定位自身产业发展阶段，通过政策引导制定更符合客观发展规律的政策机制，加速经济发展；在城市的发展中也是如此，建设智慧城市也要遵循技术经济的发展规律；对于处于微观环境的企业来说，外部大环境的变化无时无刻不在深刻影响着企业的经营效益、产品、服务竞争力、长期发展。只有遵循技术经济演进规律，才能准确定位企业发展战略、投资方向、产品研发方向，才能优化企业内部管理。

本书第一章对技术和经济的本质、技术与经济的关系进行综述，随后分析了技术经济演进的四大范式，分别指出四大范式的可取之处和不足之处。第二章首先明确了目前我们处在一个概念纷繁复杂、充满不确定性的时代，人们为了认识事物的规律，不断从不确定性中寻找确定性的轨迹，随后提出了技术经济演进论思想和分析模型（"The Relationship Between Science and Technology and Economic Evolution"，缩写为"ROSE"），并以量化证明的形式分析了这一模型，最后借助ROSE模型从常见的劳动力解放、财富增长逻辑、信息流、能量流、生产要素等维度进行分析来证明模型的可信性。本书的第三章到第八章，分别介绍了采集经济、渔猎经济、农业经济、工业经济、数字经济、智能经济6个发展阶段，每种技术经济形态在演进的过程中与后续的技术经济形态进行叠加，产生了演进效应，这种演进效应正是本书着重强调的，一旦抓住了这个规律，技术经济的发展就会事半功倍。本书的第九章到第十二章分别从国家、城市、企业，从宏观到微观不断深入探讨如何应用技术经济演进论部署国家政策、省级政策、城市发展、企业战略等。本书的第十三章结合当前的热点话题进行了分析，借助技术经济演进论分析新型基础设施建设，希望给决策者提供一些参考。

我们期望通过技术经济演进论帮助读者在复杂的不确定性因素中挖掘出一些确定性因

素，同时让读者了解行业的动态，以便寻找机会。人们广泛地阅读哲学、科技、经济、管理、历史、地理、艺术等方面的图书是为了完善自己的知识结构，进而建立认识世界的思想体系，对事物做出正确的判断和决策，通过思想的交融和互相借鉴，不断达成新的共识以促进人类协同进步，同时不断地探索新知识以发明创造来推动社会发展。本书如果能够给读者的工作生活带来些许启示，就实现了它的价值。

本书的出版得益于同事们的热情帮助：黄文金对技术经济演进论的模型进行了量化证明，周旭对编辑出版流程进行了说明和指导，周斌博士提供了审核修改建议，在此一并感谢。

本书提出了很多新颖的观点，由于我们水平有限，如有不妥，希望行业专家、学者批评指正。

编者

2022年1月18日于南京

CONTENTS 目录

Chapter 1

Chapter 2

Chapter 3

Chapter 4

Chapter 5

Chapter 6

Chapter 9

Chapter 10

Chapter 11

Chapter 12

Chapter 13

第一章

技术与经济的关系分析

站在巨人的肩膀上

艾萨克·牛顿曾说："如果说我比别人看得更远些，那是因为我站在巨人的肩膀上。"人类历史的车轮滚滚向前，每一次科学技术的进步无不是循序渐进的，它们基本遵循着这样的规律：**实践型技术探索和传承—科学理论奠基—实验与实践摸索—科学理论确认—经济发展对生产力提出新需求—通过技术实现—推动经济发展**。有逻辑的学术观点不是凭空臆想的，而是在前人的基础上总结和提炼后再加以提升的，技术创新的发展过程呈螺旋式上升的趋势。

在创作《物种起源》并形成生物进化论观点之前，达尔文阅读了大量的生物学、地理学图书，例如《世界奇观》《地质学原理》等，并接受了爱丁堡大学医学专业的体系化教育。在医学和生物学领域的知识储备，对大自然不断探索的热情，英国海军贝格尔号船提供的经济上的支持和环球旅行的机会，这些使达尔文开始尝试创作《自然创造史的痕迹》，在47岁时，达尔文终于把毕生的所学、所想、所获集中体现在《物种起源》这本书中。因而，我们在阐述一个学术观点时，要站在前人认知的基础上加以分析，并结合当前经济、社会发展的情况，形成初步的认知，然后通过实践不断地加以检验和归纳，使其成为一个体系，持续不断地用这个体系去解释相关领域的现象，去实践、验证、补充，这样才能逐步形成一个知识体系。

截至目前，自然界仍遵循着《物种起源》中阐述的规律，而社会中技术经济演进的规律又是什么呢？

宏观层面存在"能量与信息""三次浪潮""生产要素"等不同视角，全面分析技术经济演进的方向。

中观层面存在"产业生命周期理论""技术成熟度曲线"等理论，帮助企业评估某种技术或产品。

微观层面存在研发管理、企业技术创新生态系统等观点，系统阐述企业管理相关的知识。

探索社会中的技术经济演进属于宏观层面，因此必须从宏观层面分析过去与现在的主要观点，对这些观点加以分析阐述，从中汲取精华，与社会发展现象不相符的部分则不纳入新的体系。社会学说是从"唯心主义"开始的，即主观地对感悟、情绪、创造精神和自身知识结构进行总结，形成一个新的模糊的认知，然后慢慢对所在专业领域形成一个清晰的认知体系，但是我们不能止步于此，如果停滞于此，就会走进"唯心主义"的误区。

"实践是检验真理的唯一标准"。只有把这个认知体系放在逻辑与量化分析层面、实验场景、社会生活实践中去对照分析，认知体系才能回到社会"唯物主义"的轨道上。当我们分析社会层面的技术经济演进规律时也是如此，通过对技术的本质、经济的本质、技术与经济的关系进行分析，总结当前研究已有的三大课题，对这一领域前沿进行分析和总结，形成四大范式。技术与经济演进规律观点的逻辑关系如图1-1所示。

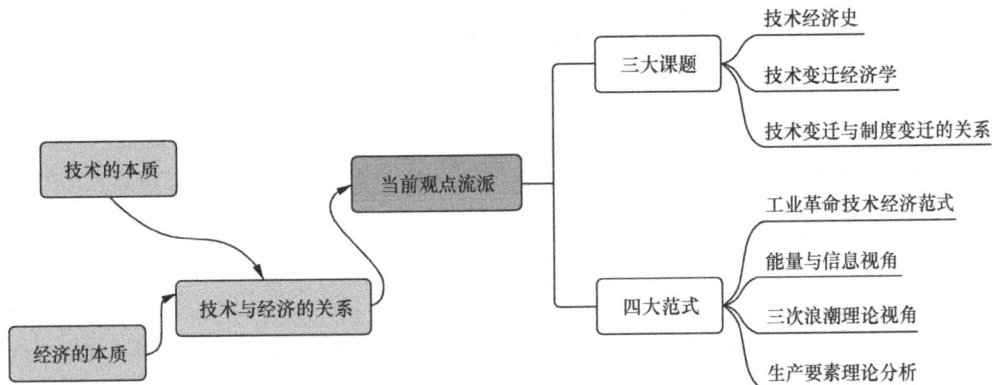

图1-1　技术与经济演进规律观点的逻辑关系

技术的本质

技术思想家、复杂性科学的奠基人布莱恩·阿瑟认为，当人类学会钻木取火时，根本不知道摩擦生热的原理；当人们发明弓箭时，也不知道物理学为何物。近代的许多技术，例如动力飞行，几乎与科学毫无关系。传统观点认为，技术来源于科学，先有科学，再有技术，然而事实并非完全如此。在一个领域的科学诞生之前，人们已经有了先验的技术。因此，技术并不只是科学的应用，还是从科学和自身经验两个方面综合得来的。不涉及技术的科学只是建立在思想和猜想之上的，"这种科学和希腊时期的思辨科学相比并没有什么不同"。工业革命是技术革命，其后，人们发现科学需要技术，技术也需要科学。

从狭义上来说，技术是指人类在某一领域所需要的某种技能，体现为经验与知识。技术的发展水平代表着社会生产力的发展水平。从广义上来说，技术是指人类改造世界和认识事物所需要的能力，可以用生产力的三大要素（劳动对象、劳动工具、劳动者）来概括，但技术并非三者的简单叠加，而是三者的有机结合、相互渗透及综合体现，具体可以表现为多层次与多要素的硬技术与软技术的复杂体系。技术分类如图1-2所示。

01 硬技术：物质形态的技术

软技术：知识形态的技术 02

图1-2　技术分类

- 硬技术是物质形态的技术。其核心是劳动工具，是人类改造自然界的标志，劳动工具可以提高生产效率。

- 软技术是知识形态的技术。具体包括制造技术、管理技术等。

硬技术和软技术其实是解决问题的两个方面，而软技术恰恰起到主导作用。如果说硬技术是一个舞台，那么软技术就是站在舞台中央表演的演员。硬技术与软技术是相互促进、相互限制的，只有软技术与硬技术相互结合，才能加速推进经济发展和技术进步。

经济的本质

英文中的"经济"一词叫Economy，意思是节省、节约，源自古希腊语"管理一个家庭的人（Oikonomos）"，其本义是指管理家庭财物的方法。

如果把"Economy"上升到经济学范畴，则经济学是一门研究资源如何有效配置的学科。西方经济学有4个核心概念，即经济人假设、资源稀缺、均衡概念与货币中立。针对一个国家或地区如何有效配置资源的问题，又诞生了两大学派，其代表人物分别为哈耶克和凯恩斯。哈耶克认为市场经济可以根据需要自动调节，政府过度干预会导致资源配置扭曲，从而阻碍经济发展；凯恩斯则主张采用积极的财政政策和政府干预来影响市场经济，他认为政府的干预能够降低市场经济的不稳定性，克服经济危机并改善经济预期。

从经济形态上看，马克思将经济的发展分为自然经济、商品经济、产品经济3种经济形态。从社会形态上看，马克思在《1857—1858年经济学手稿》中把社会的发展分为人与人的依赖关系、人与物的依赖关系、人的全面发展。三大社会形态如图1-3所示。

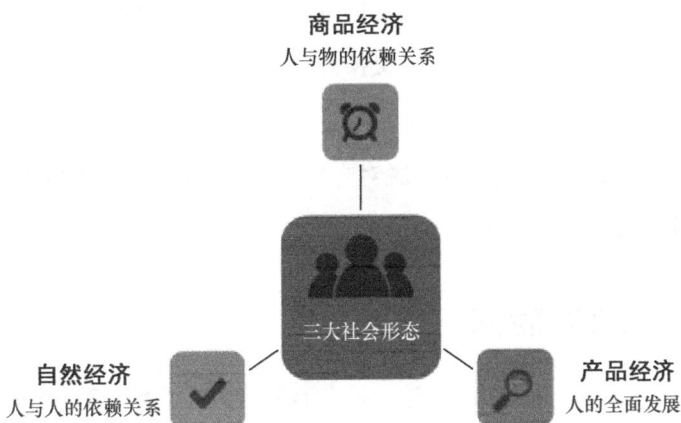

图1-3　三大社会形态

自然经济：人与人的依赖关系

马克思在《1857—1858年经济学手稿》中指出自然经济是"一切劳动产品、能力和活动进行私人交换，既同以个人相互之间的统治和从属关系，又同在共同占有和共同控制生产资料的基础上联合起来的个人所进行的自由交换对立"。

在第一大社会形态下，人类只能依靠自然生存，物质生产匮乏，生产力低下，人类的需求仅仅是满足自身的生存，而生活的最高目标是吃饱穿暖。落后的生产工具制约了生产力的发展，人类的物质和精神生活也很简单。生产方式使人类个性发展空间变得有限，因此人类需要借助共同体的身份而存在。在自然经济环境下，只有依靠人与人的依赖关系，才能满足人类生活所需的社会空间和条件。

商品经济：人与物的依赖关系

第二大社会形态是人对物的依赖，典型的社会形式是资产阶级社会。在这一社会形态下，人类发明了机器来代替人类劳动，提高了生产力。与上一个社会形态相比，人类具有更大的自主性和独立性，但独立性是基于对物的依赖而形成的。由于科学技术的飞速发展和手工生产规模的逐步扩大，专业化、合作化的劳动模式逐渐占据主要地位。在产业结构不断转变的过程中，工业成为主体，促进了社会的发展。产品和活动的交换变成个人的生存条件。

随着交换和分工的不断发展，自给自足的自然经济共同体开始慢慢瓦解。同时，商品交易建立在自由与平等的基础上，形成了以交换价值为基础，以物为载体的自由平等的社会交往关系，至此，自然经济被商品经济取代。

在第二大社会形态下，人们逐渐摆脱对自然的过度依赖和社会约束的"个人依附"关系，从而为人的全面发展打下了基础。

产品经济：人的全面发展

第三大社会形态即人的全面发展。这一社会形态是在第二大社会形态的基础上实现的，典型的社会形式是共产主义社会。

在整个社会完全实现人工智能化之后，由于生产力高度发达，人与人之间几乎不存在雇佣关系和管理关系，人类的活动不会受到他人或其他事物的限制。依靠机器的工作，每个人都可以独立地控制所需物品的生产过程，独立地安排自己的生活，最终实现自由的社会活动。在不断满足自己需求的过程中，人与人之间的关系是平等的。最终，人类成为社会的主人，不再受自然的控制。

技术与经济的关系

技术与经济关系的主要类型如图1-4所示。

首先，技术与经济具有较强的相互作用，表现在两个方面。一方面，技术与经济相互促进，互为依存。技术的进步可以促进社会财富积累，提升国家综合国力，提高人民生活水平，提高企业的管理效率和盈利能力，技术因素在推动世界各个主要国家的经济增长中的占比越来越大。同时，人、物、财等社会资源的投入可以促进技术的发展。另一方面，技术与经济在某些情况下会相互制约。如果技术落后，则很难改进经济的增长模式、提高经济的增长速度。如果经济投入不够，则较难推进技术的研发进度和创新应用。

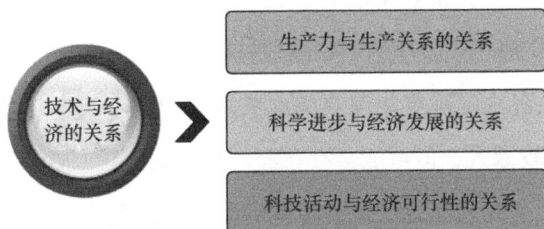

图1-4　技术与经济关系的主要类型

　　其次，我们还应该看到，技术与经济的相互作用并非完全同步，有时具有一定的滞后性与适用性。滞后性是指技术的提升不一定能够在短期内促进经济增长，而经济的投入也不一定能在短期内实现科技的突破。谈及适用性，例如炸药使用于战争，加快了经济损耗的速度，此时，技术与经济的正反作用主要取决于使用者如何抉择。再先进的技术不一定与使用者当前的能力和当下市场需求相匹配，此时便需要技术经济决策者做好战略储备和发展实施规划。技术与经济的矛盾表现如图1-5所示。

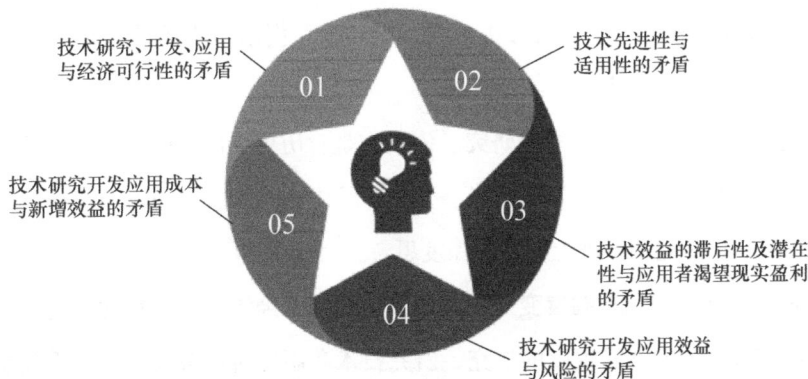

图1-5　技术与经济的矛盾表现

一是国情发展的需要。我国经历几十年的快速发展，在技术领域和经济领域进步显著，同时，技术与经济相互作用、密不可分，亟须对技术与经济融合问题开展系统的研究，找寻技术经济的发展规律，为国家的战略发展、省域的规划研究、企业的决策投入等提供参考。

二是现实的社会经济问题需要寻找合适的新范式。在快速发展的过程中，国家经济会出现地域发展不平衡、发展质量无保障、发展不可持续等问题。技术与社会经济关系密切、相互作用较强，为了更有效、更直接地寻找解决社会现实问题的出路，需要进行技术与经济融合科学的研究。

三是技术领域与经济领域需要加深对彼此关系的理解。技术与经济作为两个独立的学科，纵向领域研究均比较深入，但可能会存在经济学家缺少对专业科学技术的了解，科技工作者缺乏对经济影响及经济依赖的横向考虑等问题，因此我们需要加强横向交叉领域的研究，加强对技术与经济相互关系的系统理解。

当代研究技术与经济关系的三大课题

当代研究技术与经济相互关系的课题主要有三大类。

第一类是关于技术经济史的研究。技术经济史主要是从历史维度对曾经存在的技术、经济事件进行整理研究，从中发现技术的革新、经济的变迁。技术经济史不是简单的技术历史研究加经济历史研究，而是研究历史上技术与经济的相互作用、找寻历史上技术与经济的相互关系，从新的角度解读历史，同时在总结历史经验、揭示历史规律、丰富学科内容的同时，为系统地研究技术与经济提供参考依据。

第二类是关于技术变迁经济学的研究。该研究是对历史上出现的技术与经济问题进行详细研究，并研究历史上技术变迁导致的经济变化，从中进一步找寻技术经济作用规律。这一类的研究是在第一类研究的基础上进行的深度思考。

第三类是关于技术变迁与制度变迁的关系及其对整个经济变迁作用的研究。该研究是对影响技术、经济关系的元素和程度的扩充，研究技术和制度对经济发展的作用关系，以及两者变迁导致的经济变迁。该类研究在前两类研究的基础上考虑了制度因素，在分别考虑技术变迁对经济发展的作用关系、制度变迁对经济发展的作用关系的基础上，从历史维度进一步考虑技术与制度的互动关系，以及其对经济社会的影响，即技术通过制度作为媒介对经济产生的作用，从而进一步揭示了技术对经济发展的关系。

技术经济演进现有的四大范式

当前，对于新技术对社会演进规律的理解有四大范式。

范式1：工业革命技术经济范式

按照工业革命相关理论，技术经济范式是指工业革命触发的技术创新对经济发展方式影响后所形成的新经济格局。技术水平、生产方式和产业组织形式会随着工业革命的出现而发生相应的变化，从而引发技术经济范式更迭。历次工业革命技术经济范式的演进如图1-6所示。

工业1.0：第一次工业革命
开创蒸汽时代，是技术经济范式形成的起点

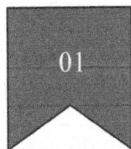

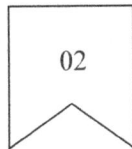

01

02

工业2.0：第二次工业革命
电力取代蒸汽动力，成为新能源

工业3.0：第三次工业革命
以计算机、原子能、空间技术和生物工程的应用为主要标志

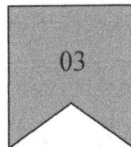

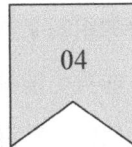

03

04

工业4.0：第四次工业革命
以新技术、新能源、新运输和新时空为一体的技术水平革新

图1-6 历次工业革命技术经济范式的演进

以蒸汽机为代表的第一次工业革命打破了手工生产的局限，人类从此进入全新机械化生产的时代；以发电机、电动机为代表的第二次工业革命让人类步入了电气化时代，产生了规模经济；以计算机、互联网、原子能、空间技术和生物工程的应用为主要标志的第三次工业革命大幅提高了生产效率，大量高质量和标准化的产品和服务应运而生；以人工智能、大数据、工业互联网为一体的技术水平革新带来了第四次工业革命，引领人类进入智能化时代。

范式2：能量与信息视角

诞生于20世纪40年代至60年代的系统理论主要包括系统论、信息论和控制论。物质、能量、信息是构成世界的三大要素，是控制论的著名观点之一。爱因斯坦的相对论指出，物质本身也是能量。人类从原始社会开始就在不断寻找能量，在农业社会之前主要是满足生存的能量，而到了工业社会，除了要满足生存需要，还要寻找满足工业生产的能量，并不断提高能量的利用效率，将能量转换到工业产品中。"信息"一词来源于拉丁文，原意指解释、陈述，在英文、法文、德文、西班牙文中均为"Information"，人类在改造自然的过程中不断记录着信息，活动的协同也需要信息。有学者提出，能量与信息也可以结合在一起，形成能量信息网，并可以用能量信息网理论解释全球化进程，这也是一个全新的视角。

范式3：三次浪潮理论视角

阿尔文·托夫勒著有3本描述人类社会发展展望的图书——《未来的冲击》《第三次浪潮》《权力的转移》。其中，《第三次浪潮》将人类社会划分为三大阶段：第一次浪潮是在8000年至10000年前。人类经历了农业革命，正从原始社会向文明社会过渡，生活方式从游牧发展为定居；第二次浪潮是在18世纪中叶，蒸汽机的发明标志着工业革命的开始；第三次浪潮即现在，以计算机的发明为标志，人类进入了信息革命或知识革命时代。第一次浪潮改变了人类社会获取食物的途径和社会的组织架构；在第二次浪潮中，农业的技术领域被以石化燃料为代表的工业技术领域替代，非再生能源投入了生产，实现了大规模集体生产；第三次浪潮可以说是第一次浪潮的高起点回归，其许多特征与第一次浪潮相似，对农业、能源、技术和通信领域带来革命性变化，形成基于第一次浪潮和第三次浪潮的全新的社会。

范式4：生产要素理论分析

在农业经济时代，劳动力曾在生产要素中位居第一；在工业经济时代，土地、劳动力、资本、技术成为核心生产要素，另外，还有学者认为"企业家才能"也是工业经济的生产要素；社会的演进阶段决定了生产要素的组成，而生产要素的组成又决定了社会的发展效率。

随着数字经济时代的到来，数据成为必然的生产要素。

2019年11月26日，中央全面深化改革委员会审议通过了《中共中央　国务院关于构建更加完善的要素市场化配置体制机制的意见》（以下简称"《意见》"）。"数据"得到国家的高度认可，与土地、劳动力、资本、技术等一样，成为生产要素之一。将数据纳入生产要素参与分配意义重大，这有利于为经济发展带来新动能，助推政府治理体系和治理能力现代化。生产要素需要市场化配置，那么，如何进行数据要素市场培育呢？主要有以下三大重点方向。

- **推进政府数据开放共享。**优化经济治理基础数据库，加快推动各地区、各部门间数据共享交换，制订出台新一批数据共享责任清单。

- **提升社会数据资源价值。**培育数字经济新产业、新业态和新模式，支持构建农业、工业、交通、教育、安防、城市管理、公共资源交易等领域规范化数据开发利用的场景。推动人工智能、可穿戴设备、车联网、物联网等领域数据采集标准化。

- **加强数据资源整合和安全保护。**探索建立统一规范的数据管理制度，研究根据数据性质完善产权性质。推动完善适用于大数据环境下的数据分类分级安全保护制度，加强对政务数据、企业商业秘密和个人数据的保护。

只有确立了数据的产权、交易的方式，才能促进数据的流动，发挥出数据的最大价值。

第二章

技术经济演进论概述

VUCA时代，如何拨开迷雾

有一种观点认为，当前时代是VUCA时代（又称乌卡时代）。VUCA是Volatility（易变性）、Uncertainty（不确定性）、Complexity（复杂性）和Ambiguity（模糊性）4个单词的首字母缩写。VUCA最早被用来描述"冷战"结束后越发不稳定、不确定、复杂、模棱两可和多极的世界。

托马斯·弗里德曼在《世界是平的》一书中提出，当今世界变化的速度已与过去不同，每经历一次颠覆性的技术革命，世界都会发生深刻的变化。过去数年间，很多高科技公司在面对纷繁复杂、多变的环境时，由于未做出适当的战略决策，最终跟不上时代的变化而退出历史舞台。哈佛大学商学院的克里斯滕森教授在《创新者的窘境》一书中也描述了类似的现象：尽管一些大企业管理规范，倾听客户声音，持续改进产品，可是企业最终还是倒闭了。诺基亚被微软收购时，其公司首席执行官在新闻发布会上说了这么一句话："我们并没做错什么，但不知为什么，我们输了。"

20世纪90年代是工业经济向数字经济交叉过渡的时代，过渡带来了行业的快速巨变，随后，VUCA被战略性商业领袖用来描述已成为新常态的、混乱的和快速变化的商业环境。21世纪以来，随着数字化技术、通信技术、信息技术、计算机技术、互联网产业的发展，不同技术在不同行业加速跨界融合，这带来了丰富多彩的新概念、新理念。

技术概念越多，人们就会越迷惑，当掌握的数据或知识结构有限时，人们很难将之进行区分，因此会陷入疑惑，并质疑新技术。有学者形容这一现象就是"科技概念沼泽"，它会对科技进步造成阻碍。作为通信与信息技术领域的从业者，我们有义务去帮助读者梳理这些技术的本质，整理出一套体系化的方法，将新概念、新技术、新理念都纳入这套体系中，帮助读者去分析它们背后的逻辑关系、发展顺序、本质区别、内涵与外延，在政策制定、投资融资、行业分析、工程咨询等领域形成一套理论和认知的知识储备，绕开"技术概念沼泽"，让读者少走弯路。

⊗ 技术经济演进论

我们把人类历史按照技术经济的演进过程划分为六大阶段：采集经济、渔猎经济、农业经济、工业经济、数字经济、智能经济。每个发展阶段又各有子阶段，即主流的技术形态。

每个阶段都是科技进步与行业发展互相促进的结果，科技越发展，衍生的行业越多、社会分工越细化，人类的物质文明和精神文明积累越丰富。每个阶段的发展在为下一个阶段奠定发展基础的同时，又为之前的行业存在形式提供了提高生产力的工具，在这种互相促进的过程中，每个阶段的演进周期相对于上一个阶段大大缩短。例如，工业经济为农业经济提供了机械化工具，实现了农业机械化；数字经济为工业经济提供了数控设备、工业互联网、工业制造信息系统；智能经济为工业经济提供了智能制造、工业机器人、无人工厂，为数字经济提供了智能检索、神经网络工具、软件自动化开发系统。智能经济时代将加速到来，智能经济形态是数字经济之后的新经济形态，它建立在数字化、互联网化、信息化基础上，首先基于算法、算力、数据三大基础技术开展机器学习，其次通过计算机软件、智能硬件、仿生机器人等形式使机器具备听、说、读、写、触觉、思考、行为等能力，具备一定行动能力的一部分或全部能力，最后在专业领域或通用领域实现代替人的体力劳动或脑力劳动的社会经济形态演进，这种演进规律被称为技术经济演进论。

▦ 技术经济演进论发展特点

每个发展阶段都不是突然出现的，都有其萌芽期、主流期、加速发展期。渔猎经济时期，人们就已经初步具备了农业经济时代的生产能力，这也是农业经济在渔猎经济时代的萌芽，即用采集来的种子种植少量谷物，饲养捕猎获得的猎物，由此最早的家禽初具雏形。而在农业经济时代，农业工具、兵器、祭祀工具的冶炼锻造作坊和纺织作坊恰恰也是工业经济的雏形。在数字经济到来之前，人们就已经掌握了密码机、图灵机、摩斯密码、香农定理等数字化技术的雏形知识。在智能经济到来之前，人们在数字经济早期就已经迫不及待地发展人工智能技术，最典型的标志就是在1956年达特茅斯会议上，科学家们提出了"人工智能"的概念。但是由于数字经济发展还没有完成它的使命，所以人工智能才会呈现"三起三落"的特点。掌握这种演进式发展特点对我国有很大的意义：**一方面掌握规律后可以减少摸索成本；另一方面依据技术经济演进论，可以判断所在地区当前所处的技术经济发展阶段，这样可以集中精力主攻当前阶段，把握所在技术经济阶段的内在规律、重点环节，避免精力分散或被商业炒作声音误导，从而避免错过发展的最佳时间节点。**

不平衡发展

世界主要的发达国家在20世纪中期就已经完成了传统的工业化进程，美国于1955年完成了工业化，德国于1965年完成了工业化，日本于1972年完成了工业化，韩国于1995年完成了工业化。而在代表工业化完成程度的发动机、发电机、电动机的全球市场中，中国的占比并不高。当前全球经济正处于互联网大发展时期，然而世界上仍有一半人口没有使用过互联网，这种不平衡发展也给中国工业制造业留出了很大的发展空间。

融合发展

正因为发展不平衡，不同的国家和地区所处的演进阶段不同，才有了融合发展的特点。融合发展体现在两个方面：对于发达国家来说，融合发展就是当前经济发展阶段带动之前的经济形态继续加速发展；对于发展中国家来说，其含义为引进发达国家的技术，发展本国的工业经济、农业经济、渔猎经济、采集经济。中国就是典型的发展中国家的案例，早在21世纪初，中国就高瞻远瞩地提出了"两化"融合的新型工业化道路。

产业分类

传统的产业分类依据的是三大产业分类法：第一产业是农业；第二产业是采矿业、工业制造业；第三产业是服务业和交通运输业。这种分类方法是工业经济时代的产物。在互联网经济还没有经历大发展之前，这种分类方法中的服务业其实就是工业的管理、后勤、物流外包等部门，本质上还属于工业范畴。后来数字经济的大发展带来了服务业的大发展，数字经济发展衍生出互联网产业、工业配套产业，传统分类方法将这部分归入服务业。全球发达国家（美国、日本、德国、英国等）的数字经济占本国的GDP比重在2016年就已经超过了50%，我们如果仍按照传统产业分类法分类，则容易导致对服务业的认知停留在传统的理念上，很难准确定位经济发展重点。而我国当前最重要的任务之一就是要发展好数字经济，并提前布局智能经济。

技术经济演进论的量化证明

每个时代的重大更迭都是因为其中的生产要素发生了剧变。而生产要素的变化以技术进步为主要引领。正是每个时代的卓越技术进步$H(t)$，使资本（K）和劳动（L）等生产要素的效率同步提高，从而推动了时代的更迭。在资本—劳动比（$P=K/L$）不变的条件下，一个时代经济的一般生产函数Y可用下式定义。

$$Y=H(t)F(K, L)$$

其中，$H(t)$为由于技术进步的作用而产生的函数系数，可用来测算技术进步对经济增长的影响，$F(K, L)$是指以资本和劳动形成的生产力函数。

某个时代（T）的生产要素包含劳动力（LAB）、土地（LAN）、资本（CAP）、企业家（ENT）、技术（TEC）、信息（INF）等，因此某时代（T）的经济形态与其社会科技进步的关系（RSE）可表述某个时代（T）的全生产要素总产出（RSE_T）。

$$RSE_T=H(t)F(LAB_T, LAN_T, CAP_T, ENT_T, TEC_T, INF_T)$$

此外，在经济时代的过渡阶段，新生时代会对前一个时代的经济形态产生影响。因此，数字经济的到来，必然会影响工业经济的生产方式和生产内容。我们将T经济时代对"$T-1$"经济时代的影响因子定义为δ_T。

即有时代过渡阶段的全生产要素总产出可以表示为以下公式。

$$RSE_{T-1}=\delta_T \times RSE_T$$

为了消除各时代宏观经济变量之间可能存在的递增型异方差，我们对上述计量经济模型进行对数处理。

$$\mathrm{d}RSE_T = \mathrm{d}\delta_{T-1} + \mathrm{d}H(t)_T + \mathrm{d}\beta_{LAB}LAB_T + \mathrm{d}\beta_{LAN}LAN_T + \mathrm{d}\beta_{CAP}CAP_T + \mathrm{d}\beta_{ENT}ENT_T + \mathrm{d}\beta_{INF}INF_T$$

其中，β_X是生产要素X的产出弹性，表征生产要素X在全生产要素总产出中的贡献份额。

$$\mathrm{d}X_T = \ln X_T - \ln X_{T-1} = \ln(X_T/X_{T-1})$$

上式表示$\ln X_T$的差分，在泰勒级数$T-1$期展开时近似为X的增长率，此时时代（T）的全生产要素总产出增长率表示如下。

$$\ln\left(RSE_T / RSE_{T-1}\right)$$
$$= \ln\left(\delta_{T-1} / \delta_{T-2}\right) + \ln\left(H(t)_T / H(t)_{T-1}\right) + \alpha_{LAB}\ln\left(LAB_T / LAB_{T-1}\right)$$
$$+ \alpha_{LAN}\ln\left(LAN_T / LAN_{T-1}\right) + \alpha_{CAP}\ln\left(CAP_T / CAP_{T-1}\right)$$
$$+ \alpha_{ENT}\ln\left(ENT_T / ENT_{T-1}\right) + \alpha_{INF}\ln\left(INF_T / INF_{T-1}\right)$$

其中，α_X满足以下条件。

$$\alpha_X = \left(\beta_X + \beta_{X-1}\right)\big/2$$

在规模收益不变的情况下，各种生产要素的产出弹性之和为自然数1，经济时代与生产要素产生弹性之和的关系如图2-1所示。

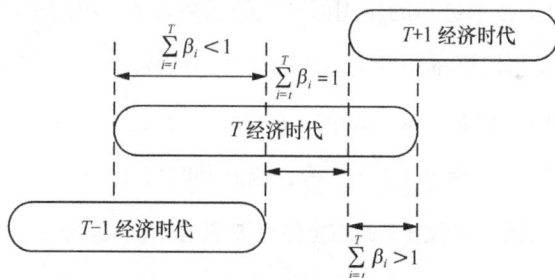

图2-1 经济时代与生产要素产生弹性之和的关系

通过证伪思路，我们将下设情况依次举例。

（1）$\sum\limits_{i=t}^{T}\beta_i < 1$

此情况表明在现有技术进步$H(t)$条件下，通过扩大劳动力（LAB）、土地（LAN）、资本（CAP）、企业家（ENT）、技术（TEC）、信息（INF）等生产要素来增加全生产要素总产出是无益的，只能更新现有的技术。这往往发生在前序时代更迭节点（$T-1$），旧生产技术成为阻碍各资源流动的桎梏，这也是时代更迭的根本原因。

（2）$\sum\limits_{i=1}^{T}\beta_i=1$

此情况表明在现有技术进步$H（t）$条件下，通过扩大劳动力（LAB）、土地（LAN）、资本（CAP）、企业家（ENT）、技术（TEC）、信息（INF）等生产要素而提高全生产要素总产出是无效的，只有不断地提高现有技术水平，才能不断地提高全要素生产效率。这往往是一个时代的渐进发展过程T，也是时代更迭的不竭源泉。

（3）$\sum\limits_{i=1}^{T}\beta_i>1$

此情况表明在现有技术进步$H（t）$条件下，通过扩大劳动力（LAB）、土地（LAN）、资本（CAP）、企业家（ENT）、技术（TEC）、信息（INF）等生产要素来增加全生产要素总产出是有利的。这往往发生在后至时代更迭节点（$T+1$），新生的生产技术能有效促进各生产要素流动，这也是时代更迭的根本动力。

综上所述，我们提出的理论模型可以覆盖整个时代更迭的过程。

技术经济演进论的定性证明

技术经济演进论可以解释人类发展的进程，从"劳动力解放""人类财富积累逻辑""信息流""能量流""生产要素"视角进行分析，能够证实技术经济演进论的正确性。这些维度与技术经济演进论是高度拟合的。基于技术经济演进论的不同视角分析见表2-1。

表2-1　基于技术经济演进论的不同视角分析

演进阶段	采集经济	渔猎经济	农业经济	工业经济	数字经济	智能经济
劳动力解放	生存与繁衍			解放四肢		解放劳动
人类财富积累	物理的世界				物理的世界 数字的世界	人的物理世界 AI的物理世界 人的数字世界 AI的数字世界
信息流	声音与手势	壁画、甲骨文、交谈	竹简、书籍	书籍、胶卷、影像磁盘、磁带	书籍、数据存储、数据中心、互联网、物联网	书籍、数据存储、数据中心、互联网、物联网、智联网

（续表）

演进阶段	采集经济	渔猎经济	农业经济	工业经济	数字经济	智能经济
能量流	太阳能			太阳能、矿产能源	太阳能、矿产能源、数据、算力	太阳能、矿产能源、数据、算力、机器学习
生产要素	土地	土地、技术	土地、劳动力、畜力、技术	土地、劳动力、资源、技术、资本、企业家才能	土地、劳动力、资源、技术、资本、企业家才能、数据、算力	土地、劳动力、资源、技术、资本、企业家才能、数据、算力、机器人

劳动力解放

解放生产力的最终目的是解放劳动力，在采集经济、渔猎经济、农业经济时代，人们主要靠的是体力劳动，人们被束缚在对食物的探寻和对土地的耕作上，一切为了生存和繁衍。这是因为劳动力本身就是最大的生产要素，为了控制劳动力生产要素，集权就产生了，奴隶与奴隶主的依附与被依附关系也就此产生了。但是随着工业经济的发展，人们可以依靠机械来替代人的简单劳动，机器的作用被放大，人类四肢得到了部分解放。到了数字经济时代，随着工业互联网、电子商务的发展，大部分人从繁重的劳动中逐步解脱出来，计算机替代了人的部分脑力劳动。而在智能经济时代，劳动力可以被完全替代，这时社会生产力高度发达，社会福利水平极高，人们不用担心就业问题，工作是出于对创新、对艺术的追求爱好，以及对人工智能的安全管理控制，此时大部分工作可以交给人工智能处理，人们的劳动时间与休息时间的组合模式也从"5+2"逐步变成"4+3""3+4"等，劳动的形态、地点和时间也更加自由。

人类财富增长逻辑

采集经济、渔猎经济、农业经济、工业经济的发展过程其实都是在积累物理世界的物质财富。经济学家麦迪逊在其《世界经济：历史统计》一书中提出，历史上前四大经济体的首位排名转换顺序为：从农业经济初期到19世纪初，物质财富一路引领全球GDP的是中国；之后是工业经济时代，第一次工业革命的发源地是英国，第二次工业革命的发源地是欧洲中部地区，抓住工业革命契机并在数字经济时代独领风骚的是美国。这些例证都说明，**只有充分抓住技术经济演进契机的国家，才能掌握财富增长的逻辑，才会在激烈的国际竞争中立于不败之地。**

工业经济之前的经济形态都是在创造有形的物理世界财富，但是这种财富有一个很大的特点就是折旧且有生命周期，创造的物理财富也在不断消失。而数字经济不同，通过互联网的传播、数据的无限次拷贝、数据融合应用，数字财富能够迅速在数字世界增值，并促进物理世界增值。进入21世纪后，由于计算机的发明和商用，有些学者将数字经济称为"知识经济"时代或"信息经济时代"。

进入数字经济时代，人们开始用计算机存储取代纸张记录，通过视频、直播等线上活动取代线下活动，通过程序取代人类的流程活动，通过预设的数据来控制生产线上产品的尺寸和精确度。物品通过安装嵌入计算机芯片实现数字化。当设备实现数字化后，互联网在2000年左右大规模普及，含有芯片的数字化设备通过互联网实现互联互通，这些设备主要为服务器、个人计算机及装有芯片的计算机设备。此时我们称它们是互联网还是物联网都没有错，因为毕竟连接的终端都是物，但是21世纪人们提到的物联网往往是指连接范围更广的传感器网络，即"万物互联"。

物理世界被映射到数字世界，同时也映射了物理世界活动，并反作用于物理世界，让后者的生产效率更高、交易成本更低。除此之外，数字世界还有物理世界没有的事物，这些都是社会财富。根据国际货币基金组织（International Monetary Fund，IMF）统计，2018年全球GDP总量超过85万亿美元，2019年这一数字约为87.7万亿美元，而到了2030年，这一数字预计超过121万亿美元，数字经济的发展与数字化、互联网、物联网及数字孪生的渗透率有关，而其本身就是实体经济。根据2021年4月中国信息通信研究院发布的"中国数字经济发展白皮书"，2020年中国数字经济规模达到39.2万亿元，占GDP比重为38.6%，数字经济增速是GDP增速的3倍以上，成为稳定经济增长的关键动力。

1980年，全球GDP总量约为11.2万亿美元。随着物理世界和数字世界双重财富增长，到2030年世界主要经济体将基本完成数字经济进程，全球GDP会以指数级的增长速度超过121万亿美元。未来30年，大力发展数字经济基础设施，并将其融入各行各业的发展，将为下一步智能经济的发展打下基础。提前布局智能经济发展的前沿科技体系及智能经济产业链是未来我国在智能经济时代实现财富大幅增长的关键。

信息流

古往今来，人类采用不同的方式描述、记录、存储信息。在采集经济时代和渔猎经济时代，人类通常用肢体动作和自然物体记录信息；农业经济时代常用文字记录、传播信息；工业经济时代开始使用电磁波记录、传播信息；数字经济时代常用数据描述、记录事物；到了智能经济时代，人类很可能使用算法描述事物。这些例证无不体现着人类描述和记录信息的方式在不断发生着变化。人类获取知识的途径也随之改变。原始社会通常通过"结绳""岩画""龟甲"等方式记录传播，在农业社会则通常通过竹简、布匹、碑文方式。自手工作坊出现早期一直到计算机发明之前，人们一直使用纸张来传递和记录信息。1890年左右，电磁录音机出现，后来广播、电报、录音机这些模拟电路设备逐渐发展，而进入数字时代人类开始使用计算机等数字设备获取和传递信息。

能量流

能量是人类赖以生存与繁衍的根本所在，地球的绝大部分能量来自太阳能，还有部分来自地球形成初期的固有能源。在采集经济、渔猎经济、农业经济时代，人类主要依靠的就是太阳能；采集经济时代，人类依靠植物的光合作用获得种子；渔猎经济时代，人类依靠生物链上的高等级动物来获得食物；农业经济时代后期，人类通过火烤方式锤炼农业工具，并开始使用地表的煤炭资源冶炼金属，制造农业工具和冷兵器，煤炭资源作为取暖材料，煤油作为照明能源，铜矿石、铁矿石、煤炭等资源也逐步扩大使用。此时进入了工业经济时代，矿产资源、石油等资源成为生产资源，工业产品包括采掘工具又进一步提升了采集经济的生产力水平，两者之间互相作用，推动发展。

随着工业的发展，工业产品除了满足当地需要外，还能销售到其他遥远的地区。商业的发展需要通信，传统的书信已经无法及时响应市场需求。人们早在农业经济时代就掌握了依靠磁力辨别方向的能力，"磁"的潜力被不断挖掘出来。从早期的有线电报、无线电报到有线电话、无线电话，更多的通信需要更多的交换节点来记录数据。同时，当设备实现数字化，人们可以直接从设备中提取数据，进行人与物、物与物之间的交互，大量的数据需要算力支撑来进行整合，因此算力成为巨大的生产力。

2020年全球数据量已经达到20ZB，2025年这一数据将达到163ZB（常见的笔记本电脑硬盘容量为512GB，1ZB相当于10亿台笔记本电脑的硬盘容量大小）。数字经济时代，产业的数字化推动了经济的转型升级，而数字的产业化则催生了智能经济，数据作为机器学习的材料得以利用。而人工智能的材料就是数据，主要是结构化数据，但是大部分数据又为非结构化数据，庆幸的是人工智能通过结构化知识的学习，可以解构非结构化数据，使之成为结构化数据，这是智能经济对数字经济的"反哺"。

生产要素

在采集经济时代和渔猎经济时代，人们主要是向大自然索取，土地和土地上的植被和野生动物是人们赖以生存的基础，土地也就成为根本的生产要素，旧石器、新石器、钻木取火、打猎技术、捕鱼技术、搭建原始房屋的方法等也是最早的技术，技术其实是人类劳动经验的总结。随着代际的传递，物质会消耗，但是技术是无形的，只要有信息的传递，技术就不会消失。技术作为生产要素在渔猎经济时代已经出现，一直到智能经济时代都将会不断推动着社会的进步。

在农业经济时代，土地、劳动力、畜力和技术是主要的生产要素，人们一开始依靠人作为主要劳动力来完成生产。随着农具的发展，畜力开始作为主要劳动资源，耕牛、马匹比人类的能量输出更大。在技术方面，农业经济时代甚至还诞生了早期的数学、天文、历法、冶炼技术，例如尼罗河每年泛滥之后，农田需要被重新丈量边界，古埃及人通过丈量土地掌握了简单的几何学知识。

在工业经济时代，土地、劳动力、资源、能源、技术、资本、企业家才能是主要的生产要素。有土地才能有厂房，劳动力也是工业经济早期的重要的生产要素之一，我国在1980年到2000年通过人口红利实现了经济的大发展。工业没有资本助力是不可能持续发展的，当前我国大部分工业企业的资产负债率在50%～65%，需要说明的是，过低的比例不利于企业发展，过高的比例会导致企业资不抵债、风险过大。资源包括矿产和能源，是企业生产的输入物，也是采集经济的输出物。有些国家依靠自身丰富的资源就可以非常富裕，但是在机械化时代工业技术不够发达，能源利用效率很低，也伴随着较大的消耗和环境污染，只有在电气化、模拟电路时代，人们对机械的管理更加精细化、能效比快速提升，污染问题慢慢缓解。技术当然也是工业经济时代重要的生产要素，从机械化、电气化到模拟电路，工业经济时代的大发展无一不是依靠技术的进步。在工业经济时代，还有一个很重要的生产要素就是企业家才能，在同样的员工、同样的生产线和同样的环境条件下，有的企业能发展得很好，有的企业发展缓慢甚至倒闭，其中一个重要的原因就是企业家才能。企业家是资本的来源、企业战略决策的来源，企业家的知识结构、管理经验和思维方式决定了企业的发展方向和发展前景。

随着欧美国家传统工业经济三大阶段的完成，以及计算机、数字化技术、互联网、物联网技术、数字孪生技术等数字经济时代的新技术发展，发达国家提出了再工业化，数字经济已经开始渗透到社会生活、工业制造业等各个领域，数据成为人们生产生活不可或缺的要素，于是人们提出了工业互联网、工业大数据、工业机器人等发展方向，这些都需要依赖数据和算力作为基础。

当前美国、德国、日本正在着力发展以工业互联网为代表的"工业4.0"，其实"工业4.0"说到底是工业经济在数字经济阶段的再次进化。

未来，中国企业的竞争力将来自人工智能技术的应用，但是由于智能经济以数字经济为发展前提，所以要在数字化程度较高的行业、企业里率先推动人工智能的技术应用。因为人工智能虽然初期开发成本较高，但是长远来看具有一定优势。以工业机器人为例，平摊到每年的成本已经与人工成本相当，而且工业机器人的成本在逐年下降，而人工成本在逐年上升，更重要的是工业机器人能够降低人工成本、管理成本，在安全方面也更有保障。

第三章

采集经济演进论

概述

以目前已经发现的肯尼亚古人猿为标志，采集经济从约1400万年前开始，到大约200万年或300万年前智人的出现结束。刚刚脱离动物界的早期原始人类，活动能力并不是很强，早期人类以采集自然界的天然产物为生。虽然经历了渔猎经济、农业经济、工业经济等后续的经济形态，但是采集经济这一经济形态并没有消失，而是有了新的内容。采集经济是从自然界中直接获取人类生产、生活所需要的原材料的过程。原材料主要来源于由太阳能转化而成的地球自然资源，这种自然资源有可再生的，例如野生果实、原始森林；也有不可再生的，例如矿产资源等。这些资源都是人类赖以生存的基础。随着生产力的发展，采集经济也在不断发展，采集经济由后续经济形态中的生产工具推动，生产力逐步提高，效率逐步提升。

各取所需的原始状态

采集经济早期的形态如图3-1所示。

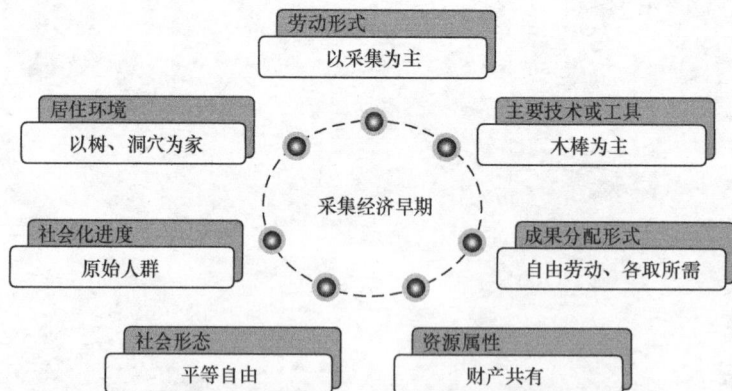

图3-1　采集经济早期的形态

早期的人类主要生活在森林中，食物以采集的野生果实为主，其中现代人类仍在食用某种食物，包括各种茎叶、果实或根。采集经济时代，人类的居住环境是多样的，包括洞穴、树木等。以树为家首先是对古猿动物习性的继承，即为了躲避猛兽侵害，同时也是适应采集经济活动的结果。

此外，采集经济时代人们只会使用木棒等天然工具，缺乏有效的自我防卫手段。根据技术经济演进论，此时的生产工具主要是以自然获取的木棒为主，因为这一工具基本满足了人们的生活需要。但是随着人口的增加，在渔猎经济时代，石器开始适用于采集，包括采集各种坚果、植物根茎，进一步促进采集经济发展和人口繁殖。人类学会使用木棒和石器，便有了树枝、树叶、木棒、石器搭成的巢穴，掌握了获得食物的方法，但此时资源贫乏，人类仅仅能自给自足。

当不能自给自足时，人类就将目光放在猎物身上。此时的大自然财富是属于全体生物的，包括人类。族群有了领地意识，没有交易也就没有财富的积累，但已经有了以种群关系为核心的原始人群。这种极端的生活环境、社群环境、劳动环境也给了现代人很多启示——**我们本来是平等自由的，并不存在社会财富的两极分化。随着社会的发展，这种问题反而更加明显，这值得人们思考，即如何通过技术进步、经济发展消除贫困、消除财富两极分化、提高人类健康水平、促进可持续发展、推动构建人类命运共同体。**

⊛ 采集业与早期智人的智力、体力的关系

在大约300万年前到1万年前的旧石器时代，人类与其他食草动物一样，通过迁徙才能满足基本的生存需求，他们没有且不需要建造庇护所。早期人类受到生存环境的限制，吃的食物有限，身体高度仅为1.2～1.3米。中期人类的智力和体质有了很大的改善，已经能够熟练地制作石器工具，知道如何使用火和有效地管理火，大脑的左右两侧开始不对称地发育，身体高度为1.6米。此时人类的生理特征非常接近现代人类，他们学会了钻木取火、制造和使用更精细的石器工具，以及用动物骨头制成矛、鱼叉和骨针等工具。采集经济在狩猎经济时代的形态如图3-2所示。

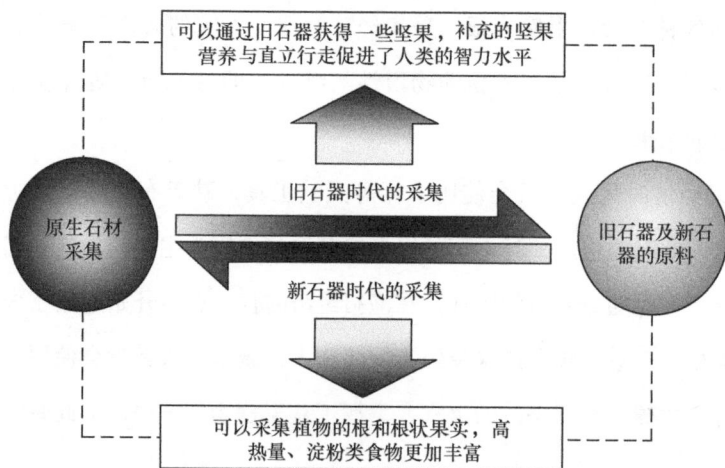

图3-2 采集经济在狩猎经济时代的形态

人类的工具变得越来越复杂，能够获得更多的食物。随着人口的增长，当现有食物种类不能满足人类的需求时，人类会借助石器工具来获得坚果。补充的坚果营养与直立行走促进了人类的智力水平。

在考古学中，新石器时代是石器时代的最后阶段，磨制石器工具标志着人类进入物质文明的发展阶段。该时代已经进入地质时代的全新世界，是在古石器时代之后或中石器时代的过渡时期发展起来的，属于石器时代的后期。这个时期始于大约1万年前，于大约5000年前到2000年前结束。在此期间，出现了农业和畜牧业。人们使用磨石工具，开始制作陶器，收集植物的根和根状果实，高热量、淀粉类的食物变得更加丰富。慢慢地，人类聚集在一起生活。人类经济活动的方式发生了转变。

农业经济时代的采集经济

早期畜牧业和早期农业形成于采集经济时代。在原始社会中，女子采集植物，男子渔猎，存在自然分工。在长此以往采集食物的过程中，人类逐渐掌握了一些作物的生长规律，获取植物的种子加以种植，早期农业就在这样的条件下形成了。当种植的作物满足人类的生活需要后，人类就不再采集。早期类人猿和人类的食物获取方式逐渐被食物生产方式取代。

采集经济促进早期农业的形成

在叙利亚的一处旧石器时代遗址中，考古学家发现有大约150种果实和种子遗存，人类当时不可能种植这么多种粮食作物，那么它们最有可能就是采集得到的，又或许是采集到的种子在人类居住环境周围遗落后发芽生长的。早期农业的粮食作物来自采集经济。采集经济对农业经济的影响是持续的，人们对粮食作物的选择是一个不断变化的过程，最终产量高、热量高的粮食作物，例如水稻、小麦、玉米等被保留下来并广泛种植，而一些小众的粮食作物则作为补充食物被种植。

采集经济促进早期畜牧业的形成

人类逐渐将一些动物放养在山洞中，或将它们放在栅栏内圈养。随着时间流逝，一些野生动物被驯化为家畜。新石器时代晚期是中国原始畜牧业快速发展期。经过狩猎—捕获—圈养—选择—繁殖—训练的过程，人类逐渐将野生动物驯化为家畜，家畜不断繁殖，便于人类食用和使用。

在数百万年的劳动过程中，人类逐渐积累了经验并改进了劳动工具，这为捕获动物并驯养野生动物创造了必要的先决条件。而在渔猎经济时代，农业并没有真正形成，采集经济的果实和植物是早期畜牧业的饲料来源。

采集经济促进了中药材的发现

"神农尝百草"说明了中药医理是人类在不断尝试的过程中总结出来的。人类在最初的生产活动中，在食物紧缺的情况下，自然会吃到一些有毒的动植物，导致呕吐、腹泻、昏迷甚至死亡。在经过无数次的试验后，人们逐渐认识到有些动植物可以食用，有些不能，再经过口耳相传后，发展为结绳与契刻，最终演变成文字记载，从而将中医知识保留下来。

农业经济时代的采集经济存在形态

农业经济经历了铜器和铁器两个时代。农业经济早期的采集经济催生了新的产业，那就是早期的铜矿业，最初人们使用的只是存在于自然界中的天然单质铜，用渔猎经济时代的工具石斧把它砍下来，便可以锤打成多种器物。世界上最早的铜器是在土耳其保留发现的，距今已有9000多年的历史。我国最早的铜器出现在仰韶文化时期，距今已有6000余年。从目前发现的铜矿遗址来看，我国在商代就有了铜矿开采，此时主要是露天或浅层开采，同时这种方式制成的铜器又进一步促进了铜矿开采，铜器主要应用在打造军事武器装备、农田耕种上。铜矿石比铁矿石容易识别，因此人们最早使用了铜。铜的硬度不够、矿产量有限，因此人们转而寻找新的替代品，目前世界上出土的最古老的冶炼铁器是土耳其（安纳托利亚）北部赫梯先民墓葬中出土的铜柄铁刃匕首。最早的炼铜技术是由烧陶技术发展而来的，铁器进一步促进了煤炭资源和铁矿石的开采。

工业经济时代的采集经济

由于人类直接从自然资源中获取食物、矿产、能源、工业原材料等，所以采集经济对工业的发展有着极其重要的作用。

采集经济是工业原材料的重要来源

全球矿产开采、化石能源的获取是现代工业的基础，也是现代工业原材料的基础，因此从广义上来说，采集经济并没有消失，只不过转变为另一种展现形式。

采集经济成就了中药工业

进入农业经济社会后，中草药已经开始被小规模种植，且借助农产品计量工具等中草药进入了量化用药阶段。进入工业经济时代后，现代电气化生产设施、化工颗粒制作工艺推动了中成药工业的发展。但是中药的哪些成分或者哪些成分的相互作用起到了治疗的效果，这还需要借助现代工业中的化学分析方法、分子动力学、细胞科学等手段加以分析，而青蒿素的发现就是典型的成功案例。

采集经济推动了工业革命

煤矿的采集与蒸汽机的发明有非常大的关联。蒸汽机的发明起源于英国，在蒸汽机发明之前，英国当地人主要通过采集木材或者浅层煤炭获得能源用于取暖、冶炼农业工器具和兵器。当时英国的煤矿资源丰富、浅层煤矿开采便利，且分布位置多临海，运输成本低，价格也相对较低，人们开始广泛开采煤矿。随着生产生活对煤炭需求的增加，浅层资源逐步减少，采掘成本逐步提高，资源能源价格逐步提升，英国开始采集深层黑色矿产能源，随着挖掘深度的增加，需要将矿井水抽掉以持续开采。起初，人们使用马匹完成地下水抽取，但效率较低。为了提高开采效率，人们开始寻找新的抽取动力。1712年，第一台实用型烧煤的蒸汽机问世，新的动力设备提高了开采煤矿、锡矿时的抽水效率，此后瓦特改良了蒸汽机，蒸汽机被用于交通运输业、工业制造业，进而促进了第一次工业革命的发生。

工业经济时代的采集经济

工业时代大发展需要消耗大量的矿产资源，机械化进一步促进了煤炭、铁矿石开采，为矿产开采提供了更有效率的抽水设备和运输机械。19世纪后半叶，石油主要是用来制取灯油，电气化促进了石油、天然气开采，以提供石油钻井所需要的照明设备，以及高强度的机械设备。随着飞机制造业、模拟电路的出现，各种稀有金属也被大量发现，化学家门捷列夫于1869年总结出最早的元素周期表，化学的大发展加速了工业产品在各行各业中的应用，例如飞机、航天装备需要轻质的稀有金属，金属铍被用作原子能反应堆的防护材料和制备中子源、高能燃料的添加剂等，铌、钽被用于超导合金制造大功率磁铁等，这些都丰富了采集经济的产出物。

数字经济时代的采集经济

数字经济时代，人类从事的勘探、开采、冶炼等活动更多地采用了数字化技术，通过数字化感知、互联化流通、孪生化掌控，提高了生产效率。因此也可以说，在数字经济时代，人类在数字信息的指导下去获取、流通自然资源。采集经济在数字经济时代的形态如图3-3所示。

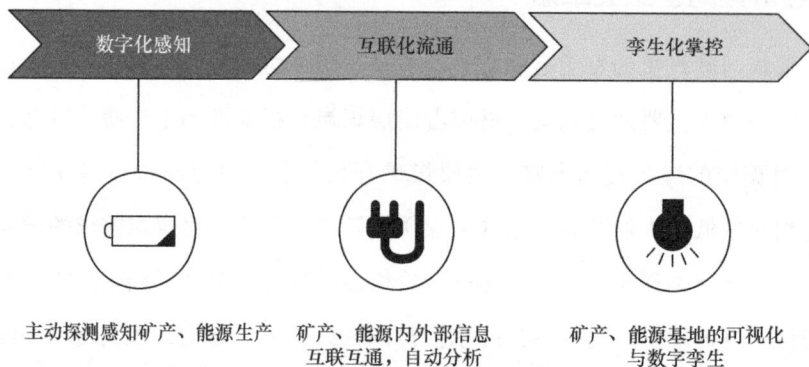

图3-3　采集经济在数字经济时代的形态

数字化感知

利用红外遥感、射频识别技术（Radio Frequency Identification，RFID）、传感器、视频监控、探测终端、数据存储等数字化设备，对采集环境和采集对象进行感知探测，对人类不能够或不便于直接观测的场景进行勘测，为矿产、能源的开采提供了探测手段，同时也保障了矿产、能源开采的安全性。

互联化流通

基于无线网络、光纤网络、物联网、卫星通信网络等感知网络和地理空间信息系统，对采集环境进行感知互联，实现感知信息的互联互通和采集资源的流通传输；基于互联网的广泛应用，实现对采集经济需要承载的产品、人员等配套信息的流通，例如矿业互联网、能源产业互联网、矿井安全物联网等感知网络的应用。

孪生化掌控

在数字化感知和互联化流通的基础上，针对采集经济的关键情景建立一个孪生的数字化模型，通过虚拟环境实现对物理环境的观测模拟，掌控采集经济的各个要素、各个环节的关键信息，指导采集调度和决策。在该阶段，除了感知设备、联通网络，还需要信息枢纽、数据中心、信息化系统的配套设施，同时还涉及传感器通信规则、通信内容格式规范、数据传输规则、数据控制规则等标准的制定。

数字经济时代，采集效率有了进一步提升，采集资源的流转和采集过程的管理有了质的飞越。例如，对煤层深度、厚度、面积，地下水层信息的数字探测，以及对煤矿资源范围的精准定位，提升了煤矿资源的开展准确率和效率。数字矿山系统借助数字化和信息化手段，对矿山的生产和看守、采矿技术的支撑和后勤保障、采矿人员的健康和安全等进行精细化管理，提升能源采集全过程、全要素的管理水平。

例如，中国东北的野生榛果、野生蓝莓采集完成后，可以借助互联网、物流网络和电商平台，实现从产地直销至全世界。采集经济在数字时代的数字化感知基础设施、高效流通的互联网络和数字孪生环境的运行过程中积累了大量的基础数据，并且在各项标准的加持下，各项数据可实现快速、无缝、自由的交互流通，这为智能时代的采集经济升级打下了基础。

智能经济时代的采集经济

智能经济时代，人类从大自然获取资源时有了智能机器人的帮助。例如，随着地表浅层矿产的资源殆尽，矿井的深度越深，风险也就越大，各种隐患无时无刻不在威胁着采矿工人的安全。人工智能在采矿业的应用将减少采矿工人数量，最大化地提高采矿安全系数。人工智能在矿山应用示意如图3-4所示。

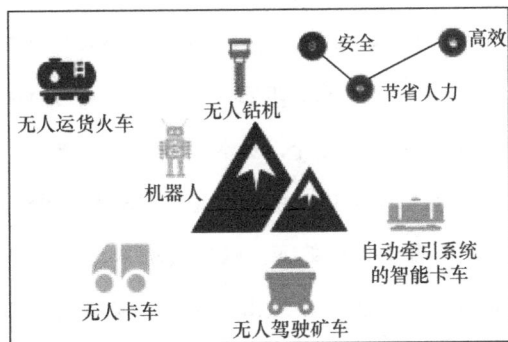

图3-4　人工智能在矿山应用示意

案例一：全球最大的地下矿山——基律纳铁矿

对位于瑞典北部的世界最大的地下矿山基律纳铁矿来说，"无人矿山"已经不是一个新鲜词了，它与这里贮存的铁矿石一样，已经成为基律纳铁矿的标签。目前，基律纳铁矿基本实现了"无人智能采矿"，它的顺利实施得益于以下几个方面。

合理高效的开采工艺。基律纳铁矿采用的是有利于矿井大规模、机械化开采的无底柱分段崩落法。

先进的凿岩设备。采场凿岩采用瑞典阿特拉斯公司生产的 Simba W469 型遥控凿岩台车，该车采用激光系统进行准确定位，无人驾驶，可24小时连续循环作业。

自动化运输设备，远程控制运输与提升操作。矿石装运和提升都已经实现智能化和自动化作业，矿石装载采用阿特拉斯公司生产的Toro2500E 型遥控铲运机，采用光缆系统和遥控操作选择的自动导向功能，实现无人驾驶。

胶带输送机自动将矿石从破碎站运送到计量装置中，竖井箕斗在指定位置停稳后，矿石自动装入箕斗，工作人员按下手柄后，提升机随即启动，将箕斗提升至地表卸载站后，箕斗底门自动打开，完成卸矿。装载和卸载过程为远程控制，之后又通过技术改造，系统实现了智能化。

案例二：智利的特尼恩特铜矿

智利的特尼恩特铜矿采用的是山特维克的AutoMine系统，该系统使矿山运输系统自动化，包括行驶、装矿、卸矿工序。操作人员可以在地表控制室控制，且可以一人控制多台铲运机和卡车，随时可将铲运机在线转至遥控等待、自动或遥控操作状态，而不需要停车。其特点还包括运行状态及生产监控、交通控制、导航系统不需要基础设施，具有适用性较强等特征。目前，AutoMine系统广泛应用于加拿大、芬兰、智利、南非及澳大利亚等国的卡车、铲运机上。

国外一些大型矿山已经实现的遥控采矿工艺包括凿岩、装药与爆破、装岩、转运、卸岩和支护等，整个井下工作面除了检修人员外，基本上不需要其他工作人员。而在力拓集团的"未来矿山"计划中，远程控制中心不但可以操控每台矿山钻机和翻斗卡车，且每台钻机和卡车之间也可以"对话"，实现同步数据交流，以达成机车协作。加拿大也制定了一项拟在2050年实现的远景规划，即建设一个无人化矿山，通过卫星操控矿山的所有设备，实现机械破碎和自动采矿。

第四章

渔猎经济演进论

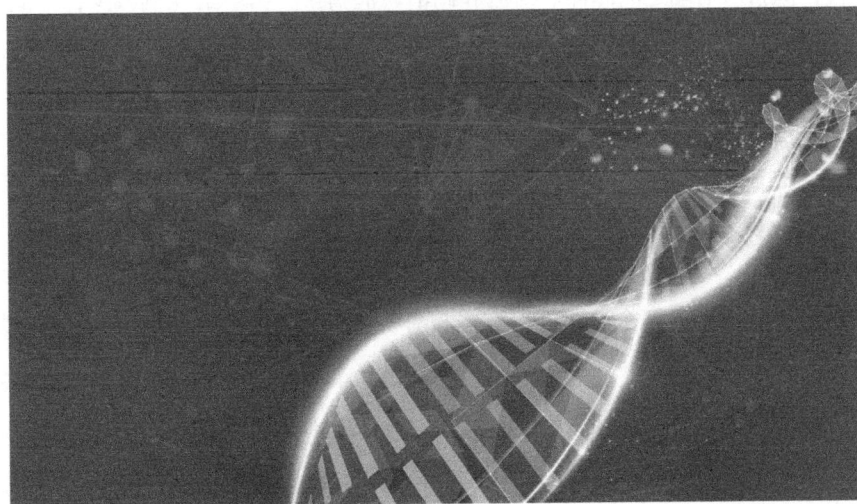

概述

人类的采集经济是从大自然直接获取植物作为食物，以及采集矿产资源、能源作为生产生活原材料，而渔猎经济是通过"渔与猎"实现的，包括捕捞海洋河流湖泊的鱼虾类等作为食物，另外还包括捕捉现成的陆地动物作为食物。在渔猎经济时代，人类才真正掌握了采集矿产资源（石材）的技巧，因此采集经济也促进了渔猎经济的发展。火的使用、新石器的出现都为农业打下了基础，早期的农业需要石器作为农耕工具，渔猎经济时代的石器与采集经济时代的木棒结合创造了最早的"武器"，渔猎工具的革新促使食物种类增加。族群之间的领地意识开始加强，族群逐步向有土地的农民过渡，同时私有财产出现。这些都发生在漫长的人类历史演进中，而在这个过程中，采集经济、渔猎经济和农业经济都是逐步演进的，看似是简单的演进，其间存在千丝万缕的技术经济关系。而到了农业经济时代，渔猎也没有消失，而是作为食物的补充，人们掌握了鱼苗技术，这就形成了农业经济的分支——渔业养殖。到了工业经济时代，渔猎从陆地走向海洋、河流和湖泊，渔猎中"猎"的比例减少，"渔"的比例增加。到了数字经济和智能经济时代，人们借助新技术能够推动生物休养生息，并能够从这些新技术中获得更多的收获。

从采集经济到渔猎经济的演进

渔猎经济在早期分为两个阶段：旧石器与新石器阶段，这是渔猎经济的"主战场"，之后它就逐步向智能经济融合，在后期渔猎经济涉及的范围越来越窄，越来越往深海发展。随着人们对海鲜的需求量逐年增加，渔业并没有消失，每年全球天然海鲜消费总量约为1.44亿吨。此外，陆地狩猎当前已被纳入娱乐行业，根据全球狩猎俱乐部统计，全球每年狩猎行业的经济规模是400亿美元左右。

在技术经济演进研究方面，比较常见的观点是将采集经济与渔猎经济合二为一，但是实际上，只有当人类掌握了旧石器的技术，才有可能获得狩猎的工具。这种思维方法有助于我们从技术经济演进的角度思考工业经济、数字经济和智能经济之间的关系。同时，在采集经济阶段人类的直立行走使人类的骨骼架构更有利于奔跑，人类的上肢进化得更为灵活，这让人类具备了捕猎的体能基础。经过6000多万年的发展，到大约200万年或300万年前，采集经济便难以为继了。一方面，人口逐渐增加，对野生植物资源的需求逐年加大，对野生植物资源的破坏也逐年加剧，形成恶性循环，终于导致采集经济危机。于是在长期山林生活中与野兽做斗争的经验基础上，人类开始尝试食肉和狩猎。最初可能只是捡食一些残剩的动物尸体，捕食一些幼小动物等，随后人类开始有意识地进行狩猎，在狩猎的过程中逐渐改进工具，最后终于学会了制造石器和用火。

旧石器就是把一块石头加以敲击或碰击使之形成刃口，即成石器。人类可以用硬度较大的石器打制硬度较小的石器，以此获得可以杀死猎物的锐器。此外，从适宜制造石器的原生岩层开采石料，制造石器，也促进了采集经济的继续发展。

旧石器时代早期，以莫斯特文化为代表，该文化最早被发现于法国西南部威悉河畔的洞穴里，不仅在欧洲有分布，在非洲、西亚也都有所发现。其主要特征是修理石器的技术有了很大的发展，典型器物是比较精致的刮削器和尖状器。

旧石器时代晚期的特点是石器主要用石叶制作，有端刮器、雕刻器和钝背刀等，骨角器也很发达，出现了鱼叉、骨针、标枪、投矛器等新工具，还出现了装饰品和绘画、雕塑等艺术品。

自20世纪末开始，欧洲部分学者认为阿齐尔人文化和塔登努阿文化等多个考古文化是新、旧石器时代过渡的中石器时代，细石器便是中石器时代的重要代表。试想一下，史前人类一开始用的是粗石器，偶然发现细石器对鱼更有杀伤力，此时人类开始打磨以粗石器为代表的旧石器，如此实现了旧石器向新石器技术的演进。随着打磨技术的进步，人类也学会了打磨猎物的骨骼，用骨针穿引藤蔓缝制兽皮衣服，这是最古老的"皮草服饰"，同时人类还学会了打磨各种骨质的捕鱼工具。

新石器时代是人口发展的拐点，这一阶段也是较原始的技术创新阶段，经过技术创新，人类制造了最原始的狩猎工具，既推动了生产力的发展，也推动了人口的增长。

农业经济时代的渔猎经济

在新石器时代晚期，渔猎经济在社会经济中占有重要地位。渔猎工具不仅种类繁多，而且制作精良。然而，随着农业的发展，野生动物的生存空间越来越小，使渔猎越来越不能满足生活的需要。因此，人类的主要活动也转向了农业。例如，考古发现了半坡仰韶养殖渔业与三里河龙山养殖渔业。在半坡遗址，除了发现大量渔具，还有绘有鱼图案的陶器，这些图案不仅反映了半坡人的绘画艺术，还反映了半坡人的渔猎活动。三里河龙山文化与半坡仰韶文化中的渔猎具有不同的特点，三里河的鱼骨和鱼鳞充分反映了当时渔业的发展程度。

农业经济时代的铜器、铁器也促进了渔猎技术工具的改进，相对于渔猎经济时代的石器，金属捕猎工具对猎物的杀伤力更大，捕获的成功率更高。不过，在农业经济时代，猎物仅仅是食物的补充；而随着铁器、渔网被使用后，渔业也有了较大发展，沿海居民的渔业经济得以长足发展，人口开始从内陆往沿海迁移。同时沿海地区又可以种植农产品，这使沿海国家和地区的经济产出要高于内陆国家和地区。

工业经济时代的渔猎经济

从古至今，尽管人类对未知事物的探索过程充满了无数的困难和障碍，但始终推动着社会的进步。对于长期生活在陆地上的人类来说，海洋是一个充满着诱惑的未知世界。

由于生产力和技术的落后，早期的人类还不具备征服海洋的条件。大多数人对海洋既充满着敬畏又"蠢蠢欲动"，他们认为无穷无尽的海洋受天空中的"神"控制，能给他们带来好运和收获。在农业经济时代中后期，铁器的广泛使用使人类掌握了造船技艺，船只的出现创造了人类探索海洋的条件。在那时，海洋这个未知世界处处是危险，但又遍地是黄金，一些人因为航海而获得了财富，而另一些人却失去了生命。1405年中国的郑和带着船队下西洋；1487年葡萄牙人迪亚士带领船队沿非洲西海岸航行发现好望角，开辟了新航线；1492年哥伦布经过浩渺的大西洋发现了美洲新大陆；1498年达·伽马沿着迪亚士的航海路线绕过好望角，开辟了东西方连接的海上新航线；1522年麦哲伦实现了第一次环球航行，证明了地球是圆的。这一系列航海时代的伟大发现加速了全球宗教、文化、科技的交流，促进了现代政治、经典科学和艺术的发展。随着工业革命的到来，人们开始探索海洋，发现了很多不知名的生物和能源。

工业经济的渔猎有了机械化、电气化船只和捕鱼工具，并且能够通过工业保鲜技术延长海产品的保存期，海洋渔业在工业经济时代达到顶峰。

数字经济时代的渔猎经济

在数字经济时代，近海与远洋渔猎捕捞得到了数字化设备、互联网和软件技术的加持，渔业捕捞管理效能迅速提高。

典型的"数字渔猎体系"通常是指围绕水产品流通和渔船管理，延伸至整个渔猎生态圈的信息化应用。一是搭载"互联网快车"，实现渔猎前的市场预售和渔猎完成后的产地直销；二是利用数字化设备，对水产品流通、渔港、渔船、船员等信息进行感知采集，形成大量的基础感知数据；三是利用软件技术，实现对产品流通全过程的电子管理、系统管理，实现对渔船、船员、仓储等渔猎全要素的信息管理，同时沉淀海量的管理数据；四是借助云资源存储和大数据分析技术，为渔猎产业的分析决策提供辅助。

渔猎技术与数字技术充分融合应用，丰富的渔业信息化应用得以产生。丰富的渔业数字应用如图4-1所示。

- **渔业电商供给**。利用互联网电商平台和发达的物流系统实现渔猎资源的市场预售和产地直销，提升渔猎资源的市场

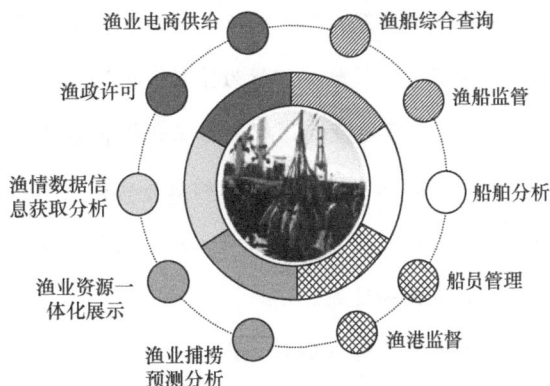

图4-1 丰富的渔业数字应用

流转能力，优化渔业资源的供给互动。

- **渔政许可**。利用渔政网络和渔政平台，完成线上许可办公，优化许可准入程序。

- **渔情数据信息获取分析**。基于渔业产品流通过程中各环节的信息系统使用、数据积累，形成大量的渔情历史数据；借助云存储，对分类数据进行标准统一、联通交互，提供渔情分析，辅助管理决策。

- **渔业资源一体化展示**。基于历史渔情数据的获取和分析、数据时代的位置服务应用、渔猎周边环境的数字化探测感知，对渔猎环境与资源分布情况进行孪生模拟，实现渔业资源的一体化展示，为掌握渔业生态提供辅助功能。

- **渔业捕捞预测分析**。基于渔业资源一体化展示的底层数据，渔猎周边环境的数字化探测情况，以及渔业管理信息系统提供的捕捞日志、渔业资源溯源、渔获量统计分析等信息，为判断分析渔业捕捞对象提供辅助能力。

- **渔港监督**。通过数字化监控设备和通信网络，实现对于渔港的数字监督管理，数字时代的渔港监督手段更为便利和精准，大幅提升了渔港管理的效率和水平。

- **船员管理**。借助软件信息系统和互联网实现船员的信息管理、招聘录用、身份认证、教育培训等在线管理。

- **船舶分析**。借助数字化感知设备对船舶信息的探测采集，以及软件信息系统中沉淀的船舶历史航行数据，为船舶的节能提效、安全维护、资源调度提供辅助手段。

- **渔船监管**。在数字时代借助数字探测设备、位置信息服务和软件系统集成，为渔船的身份验证、定位救援、行为监督等提供便利化手段。

- **渔船综合查询**。基于船舶分析和渔船监控系统数据，实现对渔船信息的综合储备；基于对渔船、渔港、船员实况的数字化探测采集和数据标识对应，以及对渔船基本信息、船检记录、渔政许可记录、交易记录、投保记录、违法记录等信息沉淀，实现对渔船全方面信息的综合查询和追溯。

渔猎经济在数字时代还形成了渔船在线检验、渔业移动执法、渔船在线交易、数据支撑远洋捕捞节能降耗研究等其他应用。

智能经济时代的渔猎经济

在2019年举办的人工智能与水下机器人高峰论坛上，中国科学院沈阳自动化研究所所长于海斌表示："地球表面70%都是海洋，但海洋环境非常恶劣，人类的认知手段极其有限。比如'向海洋要资源'，其实我们的能源开采深度主要在300米以上。想要往下潜，手段严重不足。"水下机器人是探索海洋的重要装备，在海洋观测、勘探、水下极端环境作业中潜能巨大。尤其是深海打捞、海沟科学研究样品取样等工作。其实，在海底，一场翻天覆地的工业革命已经进行很久。机器人技术、AI、卫星系统、大数据和基因工程的快速进步打开了海洋资源利用和研究的新格局。人工智能技术正在帮助人们进一步认识海洋，开发海洋。

智能经济时代，渔猎经济引入了人工智能技术，智能机器人的使用使渔业近水和远洋捕猎手段更加丰富，基于大数据的智能分析使渔猎分析更加精准全面，渔猎生产效率和维护效率将得到进一步提高。

当前，人们已经开始尝试在渔业捕捞和生态维护时引入智能设备和应用，例如通过人工智能技术实现对水下鱼类详情的智能勘察、渔猎环境的机器检测、鱼群位置的智能判断、渔业生态的分析辅助等。随着人工智能的持续演进，通用人工智能时代和类人人工智能时代的来临，渔猎经济在智能经济时代将衍生出更多的使用形态。

智能经济对渔猎经济相关产业提升的案例如下。

案例一：基于国家海洋局的遥感卫星数据和全球地理位置服务，益海鑫星公司、有理数科技公司与阿里云"数加"平台探索大数据智能分析应用，成功试验完成对远洋金枪鱼捕捞的智能指导，同时实现对船舶在港时间智能预测等其他应用。

案例二：日本新日本制铁公司通过水下智能摄影设备的研制，实现对鱼鼻、鱼鳍、鱼尺寸等鱼类外貌特征的自动采集，实现对人力勘察的替代，并自动收集汇总相关采集信息，提升生产能力。

案例三：日本佐世保重工业有限公司研制了一套渔业捕捞人工智能系统，实现对特定环境渔业资源存量的智能化测算预测，并结合市场需求分析，为渔猎区域选择、渔猎规模提供指导，在提升捕捞效率的同时为维护渔猎生态提供帮助。

案例四： 在潜水垂钓时使用的智能鱼群探测器在渔具中多有出现，它可以扫描河水深度，传感水下温度，将采集到的水下地形和鱼类位置信息发送到垂钓者的智能设备，方便人们掌握水下信息。同时，该智能设备还能够帮助人们投放诱饵。

第五章

农业经济演进论

概述

　　农业经济分为农、林、牧、渔四大块。其中,"农"即农田种植,是农业的主要体现,它发端于采集经济中野生种子的采集,有了种子的采集,种植面积增加,人口也随之增加。农产品有了剩余,产生了商品经济、交易集市,有了交易集市才有了城市。林业是对原始状态下的果树进行栽培,并产生木材。牧业和渔业是对传统渔猎经济中的猎物进行人工饲养所带来的产业;同时农具的冶炼作坊也是工业经济时代的雏形,对铁器冶炼的燃料需求促进了煤炭采集业的发展。

　　由此可以看出,农业经济的演进前后阶段是相互联系的。随后的工业经济、数字经济、智能经济时代,给传统的农业领域带来了生产力的提升,农业机械化、农业农村电气化、农业数字化、农业电商互联网、农田与大棚种植物联网技术、畜牧业物联网技术、数字孪生农田和智能农业等逐步提高了农业的产、供、销一体化和效率。

　　"三农"即农业、农村、农民。它涉及面广,对于人类彻底摆脱贫困、实现可持续发展有着重要意义,对于我国来说,乡村振兴更是实现经济均衡发展的关键领域。城镇化进程也与农业息息相关,只有"三农"实现大发展才能进一步解放劳动力,给城镇提供更多的劳动力资源,进一步提高城镇人口比例。这一切都需要农业经济借助工业经济、数字经济、智能经济实现进化和升级。德国、美国的农业由于借助了工业化、数字化技术,所以较为发达。它们的农业产出除了用于本国消费外还大量出口,农业发展模式值得借鉴。目前我国相比德国、美国等发达国家,仍有较大的发展潜力,借助技术经济演进论,不断推动农业经济与工业经济、数字经济、智能经济的融合,将促进后三者对农业经济进行反哺,促进农业现代化,将加速我国新型城镇化转型进程。

上下五千年的农业经济时代

　　铜器、铁器的出现使农业经济的发展比采集经济和渔猎经济持续的时间要短暂得多,这足以说明技术对经济形态的推动作用。人们的使用工具经历了青铜器和铁器两个演进阶段，农业生产力与农业人口也随之发生了较大的变化。农业人口（劳动力）是农业发展和一个城邦发展经济和军事的重要因素，随着铁器的使用，掠夺人口和土地的战争愈加频繁，但也正是在这个阶段，人们开始对大自然进行探索、改造和思考，其间诞生了各种盛行到现在的宗教思想、哲学思想、绘画艺术、天文历法、建筑艺术、经典音乐等。其中，哲学思想为现代自然科学的发展奠定了基础，这一切都是在城市这种载体上呈现的。

城市是人类文明史中的重要组成部分，最早的城市是人类劳动大分工的产物。随着农业生产力的发展，土地开垦的增加、粮食产量的增长，农商品的交换衍生出集市，手工纺织业、铁匠铺、木工作坊、陶瓷作坊等早期的制造业初现雏形。早期的集市聚集起来形成了城市。

第一次人类劳动大分工： 农业与畜牧业的分工，它使原始社会产生了固定的居民点。

第二次人类劳动大分工： 商业和手工业从农牧业中分离出来，商业和手工业的集聚地成为城市。

农业经济时代，食物产量大幅增长，人口得以持续增长，推动了城市化，同时为工业化提供了充足而廉价的劳动力。大部分人生活在农村，基本以农业为生，少数人口全职或兼职从事手工业和商业活动，而脱离农业来到城市的人只是一小部分。农业经济中的生产多以家庭、公社、庄园为单位，市场覆盖范围窄，规模比较小，生产力也相对落后。农业经济时代的技术经济演进路线如图5-1所示。

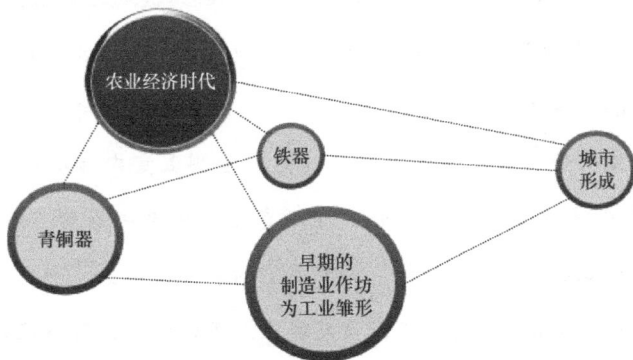

图5-1　农业经济时代的技术经济演进路线

工业经济时代的农业演进

工业经济时代的农业进化如图5-2所示。

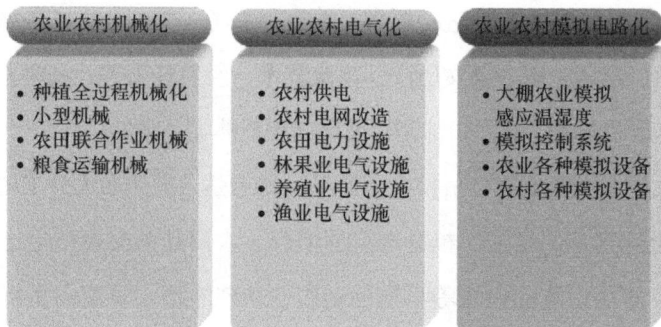

农业农村机械化	农业农村电气化	农业农村模拟电路化
• 种植全过程机械化 • 小型机械 • 农田联合作业机械 • 粮食运输机械	• 农村供电 • 农村电网改造 • 农田电力设施 • 林果业电气设施 • 养殖业电气设施 • 渔业电气设施	• 大棚农业模拟感应温湿度 • 模拟控制系统 • 农业各种模拟设备 • 农村各种模拟设备

图5-2 工业经济时代的农业进化

- **农业农村机械化。** 在工业经济时代，机器的出现提高了农业生产力。特别是在改革开放以后，我国农业由原来的人工劳作逐渐向机械化劳作转变。农业机械包括种植阶段的水稻插秧机、小麦玉米播种机，收割阶段的收割机，装载阶段的传输带，运输阶段的运输机械等。各种农业机械层出不穷，更新换代迅速，提高了农作物的产量和人们的生产效率。

- **农业农村电气化。** 在法拉第发明了最早的发电机之后，随着各类电动机和发电机的成功制造，大规模生产电力和应用电力已成为可能，人类社会也开始从"蒸汽时代"向"电气化时代"迈进。电力进入农业领域，也使农村产生了翻天覆地的变化。电力的发展和推广同时也促进了林果业、养殖业、渔业等众多行业中的电气设施的出现和更新换代。

- **农业农村模拟电路化。** 随着工业经济的发展，大棚农业得以推广，模拟控制系统应运而生。该系统主要使用各种不同功能的传感器检测温室内温度和湿度等，监测的数据通过采集器收集直接传送至后台，用户可以直接通过系统后台实现对数据的直观监测，还可以通过对数据进行查看和分析，调节温室的环境。例如，当发现温室内的温度过高时，可以通过控制通风系统进行通风；当发现湿度不合适时，可以通过控制遮阳板来提高光照度等。

数字经济时代的农业演进

数字经济时代，农业、农村、农户、农产品均乘着数字化技术的"东风"，进化出多种多样的新模式。一方面，农业利用数字化监控和数据化分析手段，可对生产全过程实现数字化应用；另一方面，农业产业的全要素管理利用云计算、大数据等数字化技术和"互联网+"应用，实现全方位的转型升级。

数字经济时代的农业生产全过程更加科学精准。例如，德国拜耳公司的"未来农场"通过采集和科学分析田块信息、植物健康诊断、病害感染警报等数据，为准确选种、及时了解植保时机、制订植保方案等农业生产活动提供决策支持；英国麦赛福格森公司的农田之星系统，通过数字传感技术和GPS空间地理定位技术，对农田地理信息、农田产量历史数据等进行记录和分析，为农田播种、施肥、喷药等过程进行指导；以色列Taranis公司的农业大数据技术有着较好的农业数字化、信息化基础，基于卫星成像和数据分析，建立植物生长模型，提供作物实地生长报告，预测天气变化，提示植物病虫害风险，为雾化灌溉设置和施肥杀虫等农业活动提供技术指导。中国南京农业大学的畜禽养殖大数据管理项目，通过环境感知传感器和无线传感网络，对畜禽的舍内外环境、畜禽个体行为、畜禽生理信息等进行采集、传输、存储、分析，为畜禽养殖决策提供参考依据。数字农业的典型应用如图5-3所示，数字农业的典型案例如图5-4所示。

图5-3　数字农业的典型应用

图5-4　数字农业的典型案例

数字经济时代的农业产业全要素更加互联融通。农村、农民、农产品、农业管理皆可紧跟数字经济时代，探索农业转型发展。农村土地确权登记可借助卫星遥感技术实现"上图入库"；传统的小农户之间可以通过互联网实现云上虚拟聚合；利用互联网电商平台和物流体系，实现农产品的产地直销、市场供求分析指导等；在农业种养殖方面，农情数据监测和分析可指导生产实践，借助信息化和互联网技术，农村产权交易平台、农资供应链系统、农业技术服务系统、农机维修系统等可为农业相关要素的管理提供高效辅助。数字经济时代的农业管理变革如图5-5所示。

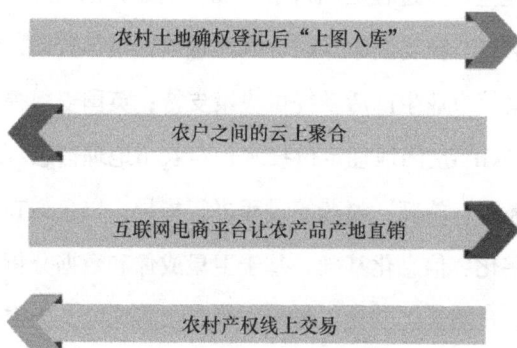

图5-5　数字经济时代的农业管理变革

随着农业自然资源大数据、种植资源大数据、农业集体资产大数据、农村宅基地大数据、农户与农业经营主体大数据等数据基础设施的逐步建立和完善，农业的生产过程和产业全要素管理将实现进一步转型。

智能经济时代的农业演进

工业革命之后，机械、化肥等在农业领域的应用使收获的粮食量大大增加。但是较高的生产成本、农业生态环境遭到破坏、农作物病虫害等问题仍然是制约农业发展的瓶颈。要解决以上问题，出路在于依靠科技发展，人工智能就是解决问题的方法之一。随着新型信息基础设施的逐步完善、人工智能技术的持续发展和进步，在智能经济时代，人们可以对农业演进后的表现形式展开无穷想象。

当前，日本为解决"老人农业"的现实问题，已经开展了有关智能农业的探索实践。在数字经济时代，日本在采集农业气象信息和植物生长信息方面实施科学灌溉和农业施肥，以及在使用互联网辅助监测农产品供需信息的基础上，研发农机无人驾驶系统，提升农作效率；通过无线网络监控水稻插秧机作业，对农业机器的自动作业提供监管和指挥帮助；同时，还研发出一些可穿戴式微型机器，对农业生产过程和农产品初加工过程提供辅助，例如为农作物除草、采摘、收割、包装等提供辅助。

在种植温室领域，荷兰积极探索植物健康巡检机器人。此种机器人配备智能摄像头、湿度传感器、光合辐射传感器等设备，在对种植区域巡检时，可及时观测农作物的生长状况，并自动识别虫害、植物疾病等信息，将相关数据自动传输给农业生产者。同时，荷兰还探索研发了甜椒收割机器人，它可以自动判定甜椒果实的位置和成熟度，然后自动伸出"手臂"，用小锯子把成熟的甜椒果实锯下来，放进承载篮里。

借助人工智能技术，我们可以畅想农业生产全过程的智能应用。例如，未来各种无人驾驶农业机械可以按照北斗导航定位开展智能种植，施有机肥、除草、剪枝、采摘、分装、包装等过程都可以采用自动化、智能化工具完成，在农业生产中实现智能决策、智能种植、智能巡检、智能维护、智能拣选、智能分装、智能流通等。未来的水产养殖也可借助机器人实现养殖环境的自动监控、无人机巡检、精准饲养投喂、水体自动更新、捕捞智能决策、机器人智能加工等。畜牧业是朝着规模化、有机生产、品牌化演进的，拣选是保证畜牧产品高品质的前提。以禽蛋的拣选为例，现有的禽蛋新鲜度检测主要分为人工检测和有损检测，其检测速度慢、检测结果准确度低，缺乏市场竞争力。而通过机器视觉的方式进行禽蛋拣选，可以节省80%的人工成本，将检测准确率从70%提高到94%，出场禽蛋的质量提高，再加上品牌推广，有利于产品质量及品牌美誉度的提升，推动现代畜牧业进一步发展。

第六章

工业经济演进论

🔍 概述

采集经济中矿业工具的升级、农业经济中农业工具的升级及家庭用品纺织工艺的升级都推动着农业经济向工业经济升级。其根本原因是社会发展的需求一直存在，技术的进步又进一步推动需求的增长，从而推动经济模式的升级。人口的增长导致社会对作坊制品、初期工业制品的需求逐步增多，需求增多导致供应商增加。在商品经济下，供应商之间有效的市场竞争推动了生产效率的提升，周而复始地推动着技术与经济进步。

工业化是指工业通过自身的变革在经济中占据主导地位，并使国民经济乃至社会结构都得到改造的过程，也包括对先前占据主导地位的经济形态进行升级的过程。例如，第一次工业革命初期，英国煤矿（代表采集经济）排水由马匹拉水改为蒸汽机抽水（代表工业经济）。工业经济的发展历程中"四次工业革命说"比较盛行，即机械化、电气化、数字化、智能化四次工业革命，但是实际上工业革命的发展过程还可以被细分为机械化、电气化、模拟化、数字化、互联化、孪生化、专用AI、通用AI和超级AI等阶段。

传统工业化阶段是机械化到模拟化，西方发达国家在20世纪50年代就已经完成，而数字化阶段则是在21世纪的第一个10年内完成的，包括将各种采用模拟电路的电气设备、生产线转变为数字化的设备和生产线。2010年，随着互联网从生活领域向工业生产领域拓展，这些数字化的设备和生产线早已具备了联网的条件，此时，西方发达国家又提出了再工业化。再工业化与传统的工业经济有着本质的不同，传统的工业经济是围绕产品开展的，而再工业化则是围绕数据开展的，传统的经济学是对产品的供应与需求的宏观分析及对独立企业个体的微观分析，但是在数字经济时代，零边际成本现象推动着变革，企业与企业之间、工业互联网与消费互联网之间、机器与机器人之间不再局限于在某个生产企业内形成关联，而是面向全社会产业链形成一个共享经济体。传统的工业经济学是西方经济学，是面向工业和产品的；数字经济时代的数字经济学，则是面向数据和产业链的。数字经济时代的工业发展终极形态是工业数字孪生，从产品订单、物流供应、产能共享、生产制造到产品消费等环节都可以在网络上运转。数字化到孪生化阶段的运行理论是数字经济学，而专用AI到超级AI时代的运行理论是智能经济学，它相对于工业经济学（西方经济学）和数字经济学又上了一个台阶，该理论认为工业将彻底摆脱对劳动力的依赖，人类也将从枯燥的体力劳动中解放出来，从事更加有创造力的活动。

工业经济中心在全世界的国家（地区）之间经历了三次转换。在工业经济时代，发生了一场以机器大工业取代工厂手工业的生产与科技的革命，历史学家称这个时代为"机器时代"。这场革命发源于英格兰中部地区，随后向英国乃至整个欧洲大陆蔓延，19世纪传至北美地区。第一次工业革命开始的标志是哈格里夫斯发明的珍妮纺纱机，而第一次工业革命的代表则是瓦特改良的蒸汽机。一系列的技术革命促进了经济社会从手工劳动向动力机器生产转变的重大飞跃。第二次工业经济中心转换是以英国的"红旗法案"为标志，这使英国错过了第二次工业革命，转而由德国等国家主导了第二次工业革命，电气化的发展推动了北美地区、欧洲的能源基础设施建设。在模拟电路时代，工业革命的重心由美国转移至日本，工业经济中心由此完成了第三次转变。日本在"二战"后抓住了机会，加快了电气化的引进和模拟电路技术的升级创造，在汽车、发动机、家电、电子设备等行业创造了一个又一个历史纪录。我们预测第四次工业经济中心的转换将发生在中国，首先中国拥有全球最全面的工业门类体系，产业链完整，工业互联网可在国内统一标准体系下协同开展；其次中国政府对于工业互联网高度重视，并将工业互联网上升到新型基础设施层面。在德国提出"工业4.0"概念、美国提出再工业化的全球大背景下，中国需要完成从依靠改革红利、人口红利向依靠数字红利的转变，这一进程也得到了国内大量的制造业企业的积极响应。

工业机械化

工业机械化概念的形成并不是一蹴而就的，在农业经济时代已经有了工业的萌芽，本书也一再强调了这种演进的特点。工业机械化的显著特点是在工业生产中引入机器设备或机器体系来部分或全部代替人力、畜力，工业生产效率得以大幅提高，并由此引发连锁反应，推动经济社会产生深远变革。工业机械化简介如图6-1所示。

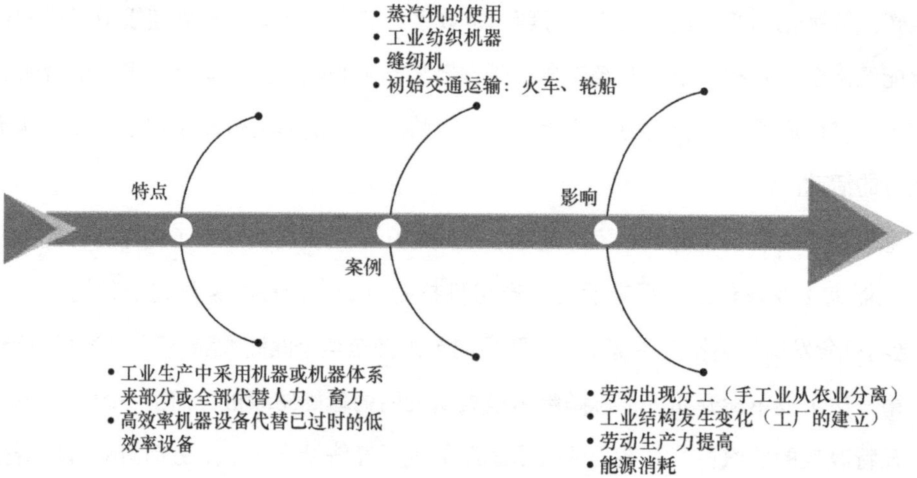

图6-1　工业机械化简介

例如，缝纫机的使用提升了人类手工劳动效率；工业纺织机器的发明与使用促使棉纱、棉布的生产效率提升；蒸汽机的发明与使用是工业机械化时代最显著的特征之一。采集经济推动了蒸汽机的发明，此后蒸汽机技术在使用过程中不断改进，为工业生产提供动力支持，从采矿领域开始，其应用范围逐步拓展到纺织、冶炼、机械制造、交通运输等领域，这使以往利用人力、畜力、风力、水力的生产局限得以突破，推动手工生产向机器生产转变。

纺织技术从手工操作走向机器生产，家庭纺织作坊也演进到纺织工厂，棉纱、棉布产量规模提升；冶铁技术的创新为制造机械的零部件提供了支持；工业机械时代，船用滑轮组、锁具、纺织机架等工具，以及对蒸汽机、纺织设备、火车等机械的制造需求，共同推进了制造工具的创新，在实现批量生产的同时，促进了工业标准化的建立。

随着蒸汽机应用的逐步创新，蒸汽机动力应用逐步扩展到交通领域，推动了火车、轮船等交通工具的发明，新的交通工具延伸了人类的活动范围，也催生出许多新的产业，并进一步带动了新技术的发展。

工业机械化推动工艺水平不断提升，新工艺继而促进产业创新、推动技术发展，带动工业整体水平进一步演进提升。以化工产业为例，新工艺促使碱实现工业化规模生产，继而促进合成染料等新发明和新产业的诞生，碱的工业化规模生产开拓了近代无机化学工业，也为现代大型化学工业奠定了基础。

按照机器生产发展阶段和代替手工劳动的程度，工业机械化可分为半机械化、局部机械化和全机械化3类。工业机械化程度在不断演进。工业机械化并不仅仅指利用机器代替手工劳动，还表现为利用高效率的机器代替过时的低效率设备。利用机器生产机器（机械化大生产）是第一次工业革命完成的标志。

工业机械化分类如图6-2所示。

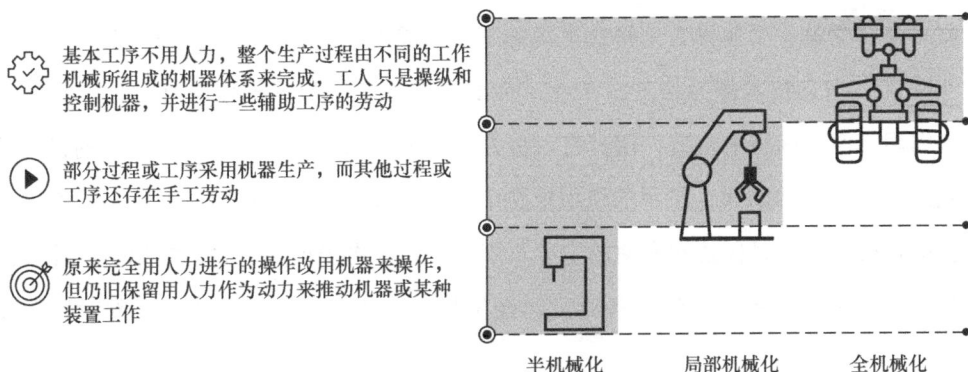

基本工序不用人力，整个生产过程由不同的工作机械所组成的机器体系来完成，工人只是操纵和控制机器，并进行一些辅助工序的劳动

部分过程或工序采用机器生产，而其他过程或工序还存在手工劳动

原来完全用人力进行的操作改用机器来操作，但仍旧保留用人力作为动力来推动机器或某种装置工作

半机械化　　　局部机械化　　　全机械化

图6-2　工业机械化分类

工业机械化提高了劳动生产力水平，使传统手工业从农业中分离出来，家庭作坊向工厂集中，工业结构发生重大变化。同时，工业机械化也加速了能源的消耗进度。

工业电气化

工业电气化是指在工业生产中广泛而大量地发展和使用电力，使电力成为大机器生产的动力基础。电力具有能大量生产、能远距离输送及使各种能量互换的特点，因此在工业生产中被广泛使用。

在19世纪后期的第二次工业革命浪潮中，德国脱颖而出，一跃成为第二次工业革命的发源地和中心，这与其发展政策有很大关系。在普鲁士统一的需求下，铁路大规模建设促进了铁矿开采、钢铁产业、机器工业的发展，大量的股份制企业纷纷成立且与银行开展金融合作，相关的民商法律、职业教育与学术研究开始配套出现。1866年，德国工程师西门子发明了世界上第一台大功率发电机。1893年，德国人本茨发明了以内燃机为动力的四轮车。英国占领了第一次工业革命的先机却没有抓住领先优势，这一前车之鉴提示我们要抓住数字经济时代甚至智能经济时代的工业革命机遇。

工业模拟化

很多经济学家、工业界人士将20世纪的工业发展史定义为第三次工业革命，并把计算机、互联网、信息技术作为第三次工业革命的主要代表，似乎模拟电路时代被直接忽略了。人们用真空二极管来检波，用真空三极管来放大电信号，用晶体管提高电的稳定性并降低能效。1927—1929年，最早的模拟电路电视就这样出现了，当时的西班牙、德国、日本、美国是模拟电路时代技术发明的主要贡献者，模拟电子电路、采用模拟协议连接的工厂现场总线的机械设备、电气设备对当时经济的贡献不亚于现在工业互联网对制造业的影响。

从照相机、电视机、计算机、手机到航天飞机、卫星，集成电路技术对人们的生活和科技的推动作用令人瞩目，没有模拟电路就不可能有数字电路，也就没有数字经济，因此，模拟电路在整个工业制造业发展的过程中占据着重要的节点位置，模拟电路的发展从萌芽期、成长期、成熟期到衰退期经历了50多年的历史。

电路模拟技术的发展始于通用电路模拟技术。通用电路模拟技术是电路级的模拟技术，通过晶体管、基本电路元件来描述集成电路的行为。借助高精度的晶体管模型和数值分析算法可以达到很高的模拟精度，但是其模拟速度很慢，只适用于中小规模集成电路的模拟。模拟电路的发展源于工业大发展带来的商业信息传递需求。人们逐渐不满足于机械化时代物品的传送、电气化时代能量的传送，而是希望能够加快信息的传送。工业化带来丰富的物品、繁荣的商品经济，商人和工厂需要快速得到订货信息以抓住商机，但对于跨洋、跨国、跨地区的信息传送的探索也不是一帆风顺的，经历了从摩擦起电传送小球、电流气泡传送信息、指针电报、点划式电报、摩尔斯电报，到用简单的"通"和"断"来编码（这也为数字经济时代埋下了伏笔），从有线电报到无线电报等。进入21世纪，电报在一些行业依然存在，如同手机的出现并没有立刻取代固定电话一样，行业的发展总是循序渐进的。常见的模拟电路与模拟电路产品如图6-3所示。

图6-3　常见的模拟电路与模拟电路产品

电报的发明研究几乎同时在几个国家进行，它们通过不同的途径努力解决同一问题。其中，利用电磁原理较早应用并取得了明显社会效益和经济效益的是指针式电报，而在美国发展起来的点划式电报，由于具有明显的技术优势，最终成为电报的主流形式并应用于众多国家。电子管、晶体管都属于模拟电路，它们都为数字经济时代的集成电路打下了基础。

模拟电路可以促进工业生产的控制、产生简单的工业制造协议，车间生产的过程相对于机械化时代更加精细化。

工业数字化

数字电路的发明有一系列的发展路线，英国科学家布尔早在19世纪就归纳出数字电子技术所依赖的逻辑代数，模拟电路的代表作——电报在最终定型时，就是采用"通"和"断"来进行编码和解码的；香农的信息论注意到电话交换电路与布尔代数之间的相似性，布尔代数中的"真"与"假"可对应电路系统里的"通"与"断"，可统一用"1"和"0"表示。香农用布尔代数分析并优化开关电路，这奠定了数字电路的理论基础。之后，香农发表了一篇《通信的数学理论》，提出了运用"比特"（离散的"0"和"1"）对数据进行测量。数字化将任何连续变化的输入，例如，图画的线条或声音信号，转化为一串离散的单元，在计算机中用"0"和"1"表示。

数字机床是工业数字化的典型应用，以它为中轴线，向前和向后分析整个机床的发展史就能看出技术经济演进论的有趣之处。农业经济时代早期，即2000多年前，就有树木车床，用木材绕着它的中心轴旋转时用刀具进行车削；到了14世纪，出现了脚踏板旋转曲轴并带动飞轮；进入工业经济机械化时代，有了蒸汽机作为动力装置，齿轮作为联动装置；在电子化时代，用电动机作为动力装置；在模拟电路时代，可以用模拟电路的逻辑计算来确定机床的加工精度；到了数字经济时代，数字化技术使机床的加工精度达到微米级别；在工业互联网时代，可以通过云计算、边缘计算、远程控制、机器协同使加工更精准、更高效；在数字孪生时代，车床就像一个3D打印机，可以根据需要来制造定制化的工业产品；在人工智能时代，车床可以进行机器学习，不断改进工艺。可以看出，数字经济时代是机床发展的核心节点。正是有了数字化技术，才使万物有了数字身份和数字内容，此时通过互联网将数字化的设备进行互联才形成了工业互联网、消费互联网、物联网。

当前，发展中国家还有很多企业在使用模拟设备，还没有完成数字化的升级，特别是在家用电器、电子产品、环境感知等领域，当需要设备互联时，需要通过模数转换实现，有些设备是模拟和数字混合电路。随着数字时代的到来，模拟电路的所占比例将逐步下降。数字化代表着数字经济的到来，国际数据公司（International Data Corporation，IDC）发布了"数据时代2025"白皮书。该白皮书显示，未来数据增长速度惊人，2025年全球的数据量预计达到163ZB，而2020年全球的数据量是40ZB，全球数据量以5年翻两倍的速度在增长，这一增速估计是当初数字化技术的开拓者们——香农、图灵、冯·诺依曼等人想都没有想到的，这些科学家的努力成果验证了古希腊哲学家苏格拉底的判断：万物皆"数"。

工业互联网

数字经济持续演进，随着数字通信时代的到来，互联网的应用领域也逐步延伸至工业领域，工业经济搭载互联网，实现新阶段的产业演进。当工业走到了数字经济时代中期，也就是互联网（含物联网）阶段，工业互联网应运而生了。工厂与工厂之间、机器与机器之间、机器与工业控制系统之间存在天然的互联需求，而且它们已经具备了互联网的基础条件，即已经基本实现了数字化，即使还有一部分模拟电路设备尚未联网，也可以通过模数转换完成数字化改造。工业互联网是当前我国迈向智能制造的重点领域，从本质上来说，当前所说的工业大数据其实已经包含在工业互联网领域内，工业互联网的目的就是传输和分析工业大数据。我们把传统意义上的大数据理解为数据挖掘。然而立法不到位、数据产权不明晰等问题导致数据无法正常流动，无法产生效益。因此，大数据技术仍只能采取本地化数据挖掘的形式。

工业互联网是互联网和新一代信息技术与工业系统全方位深度融合所形成的产业和应用生态，是工业智能化发展的关键综合信息基础设施。工业互联网以网络为基础，通过物联网、互联网等网络连接技术，实现工业研发、设计、生产、销售、运营管理、服务全过程的互联互通，以及在工业环境下人、机、物等全要素的泛在互联，促进工业数据的充分流动与集成融合，推动工业资源的优化配置与高效沟通；工业互联网以数据为核心，通过工业全要素数据全周期的感知、采集和集成应用，形成基于数据的工业创新应用，实现机器弹性生产、运营管理优化、生产协同组织与商业模式创新，进而推动工业向智能化方向演进；工业互联网以安全为保障，实现工业大规模的融合互通，工业和信息化部等10个部门于2019年联合发布的《加强工业互联网安全工作的指导意见》提出，到2020年年底初步建立工业互联网安全保障体系。工业互联网的内涵如图6-4所示。

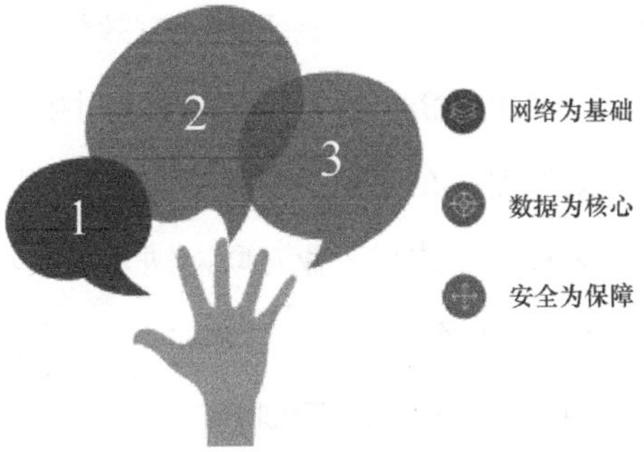

图6-5　工业互联网的内涵

工业互联网的演进过程并非一帆风顺，以美国通用电气公司（General Electric Company，GE）的工业互联网转型为例，2012年在全球率先提出"工业互联网战略"之后，GE投入大量资金和人员进行平台研发，但其投资并没有在2017年以前及时获得预期的经济回报，单一企业主导的工业互联网平台很难实现跨行业的泛在工业互联。自此，GE将平台转向基于企业自身业务的互联应用。当前，越来越多的企业选择上云，并打造基于自身核心价值链的数据流通和信息化应用。企业云化趋势逐渐深入，云服务商或相关服务机构提供的云平台服务种类也越来越丰富，企业则根据自身特点和需求，选择与自身相匹配的云上服务。

工业互联网在工业数字化的基础上，对工业经济持续赋能。通过工业互联网平台建设工业现场与软件开发应用的传导中枢；通过网络各个节点上的数字采集，打造工业生产全过程全要素的数据基础，进而通过网络平台实现对生产线、产品线、供应商、客户、设备、工厂、员工等数据信息的融合联通。这些使原来单一的工厂生产成功演进至工业全产业链、全价值链、全要素的融合贯通；工厂本身也基于工业互联网平台技术实现生产效率和管理效率的提升；工业互联网平台的融合信息可提供对工业产品的市场指导、生产指导、技术指导等，提升企业对工业产品的决策能力和生产效率。

工业互联网在升级成工业互联网平台后，对工业经济持续产生深远影响。首先，企业的信息化服务效率提高，企业管理能力提升；其次，企业逐渐云化，企业基础信息管理模式产生重大变化；企业之间融通加强，促进实现企业之间跨地域、跨产品、跨设备的互联互通，提升工业生产效率，推动工业整体生态系统的建立；最后，工业互联网平台在实现工业内部各个要素资源共享的基础上，还可以进一步提炼和融通有效信息，这有利于推动工业与服务业等其他产业的信息交流，促进工业经济与其他经济的融合对接。

工业互联网是实现工业数字孪生的基础之一，是工业智能化的"血液循环系统"。2020年4月，国家发展和改革委员会正式将工业互联网纳入国家新型基础设施体系"融合基础设施"的范围。工业互联网对工业经济产生的影响如图6-6所示。

案例一：美国参数技术公司（Parametric Technology Corporation，PTC）

美国PTC公司在工业互联网平台领域的探索相对具有代表意义，它基于工业企业产品、流程、以人为核心的价值链，从数据采集、信息建模、分析仿真、业务集成和用户体验5个关键要素入手，通过工业互联网平台帮助企业实现转型升级。

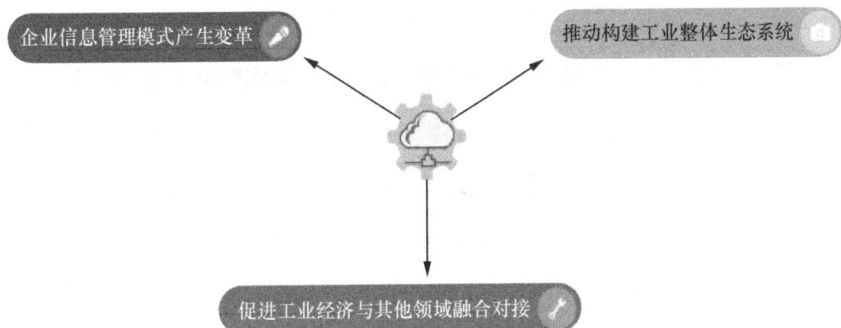

图6-6　工业互联网对工业经济产生的影响

案例二：国内云平台服务商

国内的天翼云、移动云、阿里云、浪潮云等众多云平台服务商，针对企业云计算基础平台，提供便于企业进行二次开发和直接应用的众多服务产品，并为企业提供数字化转型的意见方案，为企业工业互联网的创新应用提供基础服务。

案例三：茅台

传统酿酒企业茅台集团聚焦"工艺、环境、品牌、品质、文化"5个企业自身内生驱动要素，对产品研发、酿酒工序、流程工艺、车间厂区、供应链、销售与服务、内部管理流程、企业社交要素等信息进行监控、采集与互通，并逐步积累，努力打造酒业产业数字化和企业信息化管理标准体系，为实现智能工厂、企业大脑、敏捷营销、产业生态、文化品牌、品质生活等创新应用打好基础。

工业数字孪生

随着计算机技术的发展，人们开始在计算机中设计、仿真自己的"Idea（思想）"，从二维的计算机辅助设计到三维的辅助设计，再加上时间维度，就变成四维的孪生世界。

数字孪生概念来自工业

数字孪生也被称为数字映射、数字镜像。它的定义非常复杂：数字孪生是充分利用物理模型、传感器更新、运行历史等数据，集成多学科、多物理量、多尺度、多概率的仿真过程，在虚拟空间中完成映射，从而反映相对应的实体装备的全生命周期过程。其实简单来说，数字孪生就是在一个设备或系统的基础上，创造一个数字版的"克隆体"。这个"克隆体"也被称为"数字孪生体"。它被创建在信息化平台上，是虚拟的。相比于设计图纸，数字孪生体最大的特点在于它是对实体对象（姑且就称为"本体"）的动态仿真。也就是说，数字孪生体是会"动"的，而且数字孪生体不是随便乱"动"的，它"动"的依据来自本体的物理设计模型，本体上面传感器反馈的数据，以及本体运行的历史数据。本体的实时状态和外界环境条件，都会被复现到数字孪生体身上。如果需要做系统设计改动，或者想要知道系统在特殊外部条件下的反应，工程师可以在数字孪生体上进行"实验"。这样一来，既避免了设计改动对本体的影响，又可以提高效率、节约成本。

除了"会动"，理解数字孪生还需要记住3个关键词，分别是全生命周期、实时/准实时、双向。数字孪生是工业界的概念，在工业制造领域，有一个词叫作"产品生命周期管理（Product Lifecycle Management，PLM）"。在数字孪生领域，全生命周期是指数字孪生可以贯穿产品包括设计、开发、制造、服务、维护乃至报废回收的整个生命周期。数字孪生技术并不仅限于帮助企业把产品更好地造出来，还包括帮助用户更好地使用产品。而实时/准实时是指本体和数字孪生体之间可以建立全面的实时或准实时的联系。孪生体之间并不是完全独立的，映射关系也具备一定的实时性。双向是指本体和数字孪生体之间的数据流动可以是双向的，并不是本体只能向数字孪生体输出数据，数字孪生体也可以向本体反馈信息。企业可以根据数字孪生体反馈的信息，对本体采取进一步的行动和干预。

工业数字孪生的前景

信息技术对于数据的强大计算和分析能力为制造业开辟了崭新的发展空间，信息技术（Information Technology，IT）和操作技术（Operation Technology，OT）的融合越来越受到制造企业的重视。随着新一代信息技术与制造业深度融合发展，工业互联网成为制造业从"显"到"隐"的抓手，成为互联网由"虚"向"实"的载体。工业互联网的蓬勃发展离不开技术支撑，数字孪生、边缘计算、5G、IPv6、标识解析、时间敏感网络、无源光网络等都是工业互联网的关键技术。

随着工业互联网的应用推进，数字孪生被赋予了新的生命力，工业互联网延伸了数字孪生的价值链和生命周期，凸显了数字孪生基于模型、数据、服务方面的优势和能力，打通了数字孪生应用和迭代优化的现实路径，正成为数字孪生的"孵化床"。

数字孪生基于物理实体的基本状态，以动态实时的方式将建立的模型、收集的数据做出高度写实的分析，用于物理实体的监测、预测和优化。另外，数字孪生作为边缘侧技术，可以有效连接设备层和网络层，成为工业互联网平台的知识萃取工具，不断将工业系统中的碎片化知识传输到工业互联网平台中，不同成熟度的数字孪生体，将不同颗粒度的工业知识重新组装，通过工业App进行调用。因此，工业互联网平台是数字孪生的"孵化床"，数字孪生是工业互联网平台的重要应用场景。工业数字孪生示例如图6-7所示。

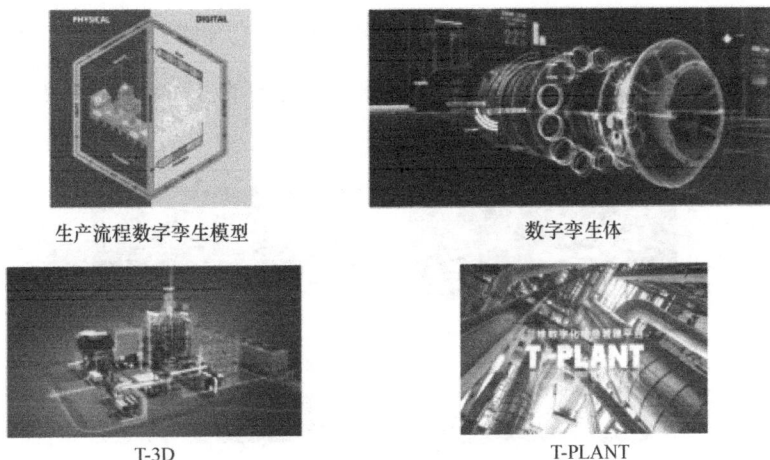

生产流程数字孪生模型　　数字孪生体　　T-3D　　T-PLANT

图6-7　工业数字孪生示例

案例：图为科技

图为科技是一家集工厂设计和IT技术创新于一身的，真正从底层数字化技术发展起来的中国企业。基于工业数字化技术和打造工业互联网平台，图为科技进行了工业数字孪生领域的有益探索。其旗下的工程三维图形网络引擎软件（T-3D）是工业信息化的核心三维引擎，该引擎以三维模型为载体并集成各类数据资料，提供可视化工作模式，助力打造智慧工厂的三维综合解决方案。而基于T-3D引擎，图为科技团队又研发出了T-PLANT三维数字化工厂信息管理平台，该平台采用纯浏览器/服务器模式（Browser/Server，B/S）架构，支持数百人同时在线并支持无限项目扩充,在常规配置下能承载百万机组火电厂及大型核电厂全厂"全颗粒度"信息化模型,支持关系型数据库和时序数据库,后台数据中心(T-Foundation)能高速处理各类静态及动态数据,内置ISO 15926工业数字化交付标准,支持二次开发,满足各类个性化需求。

工业专用人工智能

咨询公司埃森哲曾预测,工业物联网到2030年将会创造10万亿美元的经济效益。机器人和可穿戴式设备、3D打印、传感器和自动化的产品设计,可以有效降低成本、提高生产效率。因此,只有认真地研究人工智能在工业自动化中的作用,才能了解AI为工业自动化带来的成果,才能了解到AI是如何影响并促进工业未来发展方向的。工业专用人工智能如图6-8所示。本节列举了几种AI技术在工业领域中的应用。

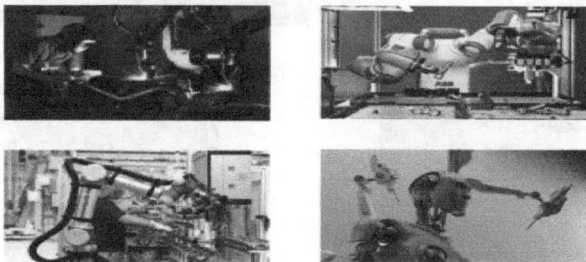

图6-8　工业专用人工智能

MindSphere平台

西门子公司在2016年推出了一个软件平台——MindSphere平台,这是一个基于云的开放式物联网操作系统,它不仅可以将产品、工厂、系统和设备连接在一起,还可以从中收集数据并智能地分析数据。

MindSphere平台可以使用机器学习算法来分析收集到的数据,以实现对工业资产的监控,还可以将从传感器收集到的数据通过安全通道上传到云,将其存储在公司的云数据库中，并为其他企业提供大数据分析挖掘、工业App开发及智能应用增值等服务。

目前，MindSphere平台的合作伙伴包括云基础设施服务商、软件开发者、物联网初创企业、硬件厂商等。

IBM Watson平台

IBM公司研发的IBM Watson平台运用机器学习和图像识别算法，协助矿业企业进行矿产分析，帮助企业降低成本。

该平台使地质学家能够围绕地球科学、油藏勘探和矿产勘探进行地下分析。用户可以在平台的搜索界面中输入矿物含量，用于查询信息，然后搜索引擎的算法将在地质数据存储库中搜索关键字。该存储库包含各种来源的结构化和非结构化数据，例如钻井数据库、块模型、地球化学、地质形状文件、岩心照片和X射线荧光数据，最后系统可以呈现预测结果。

IBM公司称，通过创建机器学习模型来预测金矿中特定位置的金矿化程度，可以帮助企业提高现有勘探和生产业务的生产率。该算法可以搜索地质数据存储库中的各种地质信息，将这些信息组合在一起，就可以做出明智的预测。

智能工厂（Brilliant Factory）平台

GE提供了智能工厂平台，它是一整套硬件资产、软件和咨询服务，将工厂升级为工业物联网。GE称，这可以帮助制造商使用预测分析来提高工厂的性能。

使用数据驱动的智能工厂平台套件可以降低成本，提高产品和服务的质量，并加速生产过程。该平台使企业能够监测工厂机械及设备的状况和性能，并管理生产过程。当然智能工厂平台的打造，离不开同属于GE的Predix数字化云平台，同时，工厂也需要具备精益制造、智能技术等特点。

工业通用人工智能

专用人工智能可以完成生产线上的大部分细节性的工艺，而通用人工智能更多地考虑到生产线上的灵活协作，通用机器人可以控制专用机器人作业，实现生产作业的无人化。

工业通用人工智能的经济性

在工业领域，生产流水线是主要的作业方式，也就是采用固定型专用机器人的形式，根据预订的生产工艺流程组织生产，但是车间中还需要工人负责控制这些流水线上的专用机器人，这些专用机器人一旦出现故障，需要工人去维护。当前，平均一个工人可以通过操控管理20~30个专用机器人，也就是相当于手工操作的一个班组。在生产车间中还涉及一些零部件调运和作业辅助的移动型工种，车间里的自动引导小车（Automated Guided Vehicle，AGV）、物料搬运机器人基本上都可以通过固定轨道或通过红外线与移动算法实现移动，目前这些机器人能够带来流水线之间的协同，但是因为其智能化程度不够高，仍然需要人类的控制和辅助。在通用人工智能时代，它们都将被通用人工智能设备取代。通用人工智能将完成各种标准化的生产线工作，即代替人类进行年复一年、日复一日的体力劳动，这样人类就有时间去从事更有创意的工作。

工业通用机器人甚至可以临时替代专用机器人完成一些生产动作，前者显然更经济。同时随着工业互联网的普及以及工业互联网与消费互联网的连接，工业制造将真正实现柔性制造，柔性制造可以让工业机器人随着工作环境的需要进行编程，以很好地适应定制化、个性化的生产需求。在不同的企业生产中，需要用到不同类型的工业机器人，在工厂生产的过程中生产机械并不都是单一的流水线，若是产品发生了变化，就要更换相应的工业机器人。这个过程不仅烦琐，还增加了企业的生产成本。初期的工业机器人在机械结构上可以支持完成类似于人的行走、转腰等运动，这些都可以用计算机控制。而发展到通用人工智能时代，工业机器人还有类似人类的"生物传感器"，例如皮肤接触传感器、力传感器、负载传感器、视觉传感器、语言功能等，传感器的出现提高了工业机器人对周围环境的自适应能力。

工业通用人工智能的安全性

在工业专用人工智能领域，出于安全性考虑，工厂管理者会根据工业机器人机械手的活动区域建立安全区域，例如，采用隔板或者挡板架设围栏以形成围闭的安全区域。一般来说，围栏是固定架设在工业机器人机械手的活动区域边界处的，而基于供料或者人机互动的需求，需要在围栏上设置安全门。安全门作为活动门在需要供料或者人机互动时可被打开使用。目前，在工业机器人区域安全防护方法中，对安全门与工业机器人之间的控制关系的定义是：当任意一个安全门被打开时，工业机器人停止工作，防止出现安全事故。其弊端在于，即使被打开的安全门在工业机器人机械手的当前工作范围外，也会导致工业机器人停机。安全防护的智能化程度低，也会降低工业机器人的工作效率，甚至会使整条生产线停滞下来。因此，为了更好地组织生产，人们认为专用机器人需要发展机器视觉、机器触觉等，但是这样做成本很高。

而如果采用通用机器人，那么通过通用人工智能与专用人工智能之间的信息交互，可以协同配合整个维护过程，而这种智能制造对工人的需求更少，所有的操作需要很少的工人去监控和管理，在不需要机器视觉参与的领域基本可以实现"黑灯工厂"。可是这是不现实的，当前，所谓的"黑灯工厂"其实是自动化的生产线，整条生产线是一台完整的机器而不是人工智能，通用机器人需要机器视觉，如果没有了光线，机器视觉就无法正常运转，充其量算是通用机器人自身的应急照明。

工业通用人工智能将改变生产作业

每当技术取得较大进步，一个行业被另外一个行业取代，一个工种被另外一个工种取代时，利益受害方总是抱有排斥心理。当火车出现时，长途马车夫逐渐失业了；当汽车出现时，脚夫逐渐失业了；当手机出现时，寻呼服务行业消失了；当语音自动转录系统出现时，会议速记行业也在逐渐消失……被替代行业的从业人员对待这种情况往往会有3种选择：选择提前退休；选择其他相近的行业；在挑战尚未到来时或到来后，选择从事升级行业的工作。马车夫选择成为火车司机，脚夫选择当驾驶员，寻呼行业从业者转型做通信客服……技术在不断进步，当工业机器人替代生产线工人时，工人可以选择学习维护机器人的技术，也可以选择学习工业机器人编程。

随着生产力的提高，新的工种被创造出来，同时社会财富的积累、物质水平的提高也能带动社会福利水平提高，工作时长减少，人们有更多的时间学习、陪伴家人、提升自我。标准化的生产工作可以由机器人来完成，人类不需要做枯燥繁重的工作，只需要通过学习新技能，做更有创新性的工作，这些改变正在发生。

第七章

数字经济演进论

概述

在工业经济时代后期的模拟经济时代，人们通过磁盘存储数据，这些模拟化的数据后来逐步被转换成数字化的数据，因此数字经济并不是一天形成的，没有工业经济时代的模拟电路作为基础，就不可能有数字经济时代的数字电路。

"数字经济"这一词语于1996年由美国IT咨询专家唐·塔普斯科特在《数字经济：网络智能时代的希望和危险》中提出。美国麻省理工学院媒体实验室的创立者尼古拉斯·尼葛洛庞帝提出的有关数字经济的定义在早期定义中较有影响力，他将数字经济描述为"利用比特而非原子"的经济。

二十国集团领导人杭州峰会发布的《二十国集团数字经济发展与合作倡议》对数字经济的定义如下：**数字经济是指以使用数字化的知识和信息作为关键生产要素、以现代信息网络作为重要载体、以信息通信技术的有效使用作为效率提升和经济结构优化的重要推动力的一系列经济活动。**

国内有学者从经济学的角度出发定义数字经济：在经济社会发展的资源配置中，个体局部信息选择与整体信息优化之间的协调要求不断推动着"技术—适应经济组织—新技术—新适应经济组织"这一循环结构的适应性演进；数字经济发展中交易平台、数据平台及智能平台的涌现与先后转化是资源配置过程中不断重构着的复杂适应性系统。

数字经济将对社会产生深刻影响，法国哲学家、科学史专家米歇尔·塞尔对数字化的人类未来乐观地预测道："一个数字化的、自由连接的世界，新的一代人将在认知上得到史无前例的解放。"就像工业经济促进了社会生产关系、生活方式变化那样，数字经济将让社会治理层级扁平化。社会形态变革的终极原因要到社会生产力的变化中寻找。

本章把数字经济定义为将物理世界中的人和物的活动事件的状态（包括静态和动态两个方面）进行数字化描述，并通过互联网与物联网技术将数字化的描述进行交互，从固定互联网、物联网向移动互联网、物联网演进，并逐步实现数字世界与物理世界的同步孪生映射，通过数字世界的光速传输、高速计算打破物理世界的时空限制，从而提高物理世界运转效率，并且形成数字文明成果。

数字经济的发展并不是一蹴而就的，在不同的国家和地区、不同的省份、不同的行业表现为不同的发展水平。总体来说，我国数字经济的发展经历了3个阶段：数字化阶段、互联网（物联网）阶段、数字孪生阶段。

数字化阶段（1980—2000年）：我国从20世纪80年代中后期开始推动数字化发展。数控机床、数字计算机、数字化光盘、程控数字交换机、数字多媒体等设备纷纷开始通过数字化进行升级换代。数字化是互联网的前提，OSI七层模型、TCP/IP等基于数字化才得以实施。

互联网阶段（2000—2019年）：2000年左右，我国一批互联网公司，例如腾讯（1998年）、阿里巴巴（1999年）、百度（2000年）相继成立。从2010年左右，我国开始大力推动物联网技术的研发普及，而物联网与互联网本质上处于同一个发展阶段。

数字孪生阶段（2019年至今）：在数字化、互联网的基础上，我国一些行业开始在数字孪生领域发展，通过引入一系列的仿真工具、软件平台、虚拟现实/增强现实（Virtual Reality / Augmented Reality，VR/AR）技术，推动物理世界的模型化，例如建筑信息模型（Building Information Modeling，BIM）、数字孪生工厂、数字孪生城市等。数字涉及领域也从建筑行业、工厂规划、虚拟现实到智慧城市等领域逐步扩大。

数据显示，2018年美国第一产业增加值为1641亿美元，第二产业增加值为3.81万亿美元，第三产业增加值为16.51万亿美元，三大产业增加值占美国GDP的比重分别为0.8%、18.6%、80.6%。第二产业增加值只占18.6%，有些媒体将这一现象解释为美国制造业的"空心化"。实际上，第三产业增加值的80.6%占比包含了数字经济服务业给工业带来的增加值、互联网公司巨头带来的增加值。以苹果公司为例，2020年其营收规模达2745亿美元，核心技术、设计图纸被美国总部公司掌握，而零部件的组装业务则分散在全球各地，尤其是发展中国家。因此，在供应链全球化的大环境下，传统的三大产业划分方法也出现了一些问题，近年来出现了以数字经济增加值表征GDP比重的现象。2015年以来，中国信息通信研究院连续7年发布"数字经济白皮书"，从中可以看出数字经济逐年增长的态势。

2018年，我国开始意识到数字经济大潮的牵引力。2018年11月5日，在首届中国国际进口博览会的开幕式上，我国宣布设立证券"科创板"，并实施灵活的注册制。2019年6月，科创板开始运行，在283天内，注册的上市企业达到100家，包含39家信息技术企业、25家医药生物企业、15家高端装备企业、12家新材料企业、9家节能环保企业。其中，15家高端装备企业中包含了工业机器人等领域的企业，这100家企业也不乏专注于人工智能领域的企业，未来将是它们的时代。

数字化阶段

数字化的出现最早可以追溯到计算机的发明。众所周知，第一台计算机是诞生于1946年的电子数字积分计算机（Electronic Numerical Integrator And Computer，ENIAC）。作为第一台计算机的研制者，数学家冯·诺依曼提出了计算机制造的3个基本原则，即二进制逻辑、程序存储执行及计算的5个组成部分，这套理论被称为冯·诺依曼体系结构。该体系在今天依然指导着计算机的制造。

从模拟时代到数字时代，在生产生活中，借助"0"和"1"及它们的组合，模拟参数可以被转换为数字，这种由模拟参数编码成数字，再由数字解码成模拟参数的呈现方式，是最初的数字化。随着数字化在各个行业普及，其市场需求也在不断增加，衍生出的数字化编码方法、计算架构、存储介质也在不断升级。

以多媒体行业为例，从模拟化到数字化的转型升级经历了两个过程：一是传统内容的数字化，即对传统平面内容、电视节目、广播节目的数字化；二是新的数字化内容的生产。数字化时代，内容逐步与原有专属媒介分离，例如电视剧、电视节目不再专属于电视，电影不再专属于院线，内容产业开始成型。加之技术、网络协议的标准化，使媒介间的界限日益模糊，内容数字化和网络标准化也使平台间横向打通，多元媒介出现对抗性融合与互补。

模拟信号的数字化需要经历3个过程。

一是抽样，抽样就是以相等的间隔时间来抽取模拟信号的样值，使连续的信号变成离散的信号。

二是量化，量化就是把抽取的样值变换为最接近的数字值，表示抽取样值的大小。

　　三是编码，编码就是把量化的数值用一组二进制的数码来表示。

　　例如，当传统模拟电视转换成数字电视后，用户能够免费收看的节目将从40多套增加到70多套，此外还有诸多可付费收看的频道。除电视节目大量增多外，数字电视传输信号的抗干扰性得以增强，电视画面的清晰度也会大大提高。

　　输出信号为模拟信号的相机被称为模拟相机，输出信号为数字信号的相机则被称为数字相机。数字相机通常比模拟相机昂贵很多，数字相机可以提供更高的分辨率、更快的帧速、更小的噪声，综合性能更优越。

　　再如，模拟监控是通过模数转换将模拟信号转化为数字信号存储起来的，或通过更原始的方式，即录像带等介质将其储存起来。数字监控是指摄像头最初产生的就是数字信号，可直接进行处理。相对来说，模拟监控技术成熟，产生的图片清楚但不宜存储；而数字监控的信号被压缩处理过，因而图像清晰度稍微差一些，但方便存储和处理。随着数字技术越来越成熟，新的图像算法优化了数字监控的不足，图像清晰度也越来越高，数字监控的优势也越来越突出。

　　此外，工业物联网（Industrial Internet of Things，IIoT）以及控制传感器数据、机对机（Machine to Machine，M2M）通信和自动化技术在不断革新机器数据捕捉和通信的方式。从模拟设备到数字设备的转换正在创造自动化的机器，这些机器上传配套的传感器具备全新的数据搜集能力，为工程师提供以前无法获得的重要信息和数据访问权限。借助这些新数据，机器设计师取得了可以增强机器自主预测故障和缩短停机时间的能力。

从产业数字化到数字产业化

　　随着科技的飞速发展，超大规模集成电路也得到了极大的发展，纳米级芯片已得到应用。在计算机推动社会发展的过程中，人类已经意识到计算机的运算能力给社会生活带来的变化和重要的作用，零散的个人计算机已无法满足大众的需求。在这种背景下，互联网概念应运而生。

　　互联网起源于1969年美国国防部国防高级研究计划局组建的阿帕网（Advanced Research Projects Agency Net，ARPANET），当时主要用于军事指挥系统。进入20世纪90年代后，互联网的使用人数呈指数级增长，全球上网人数在1999年3月时仅为1.71亿人，而到2000

年3月，这一数字已达3.04亿，增长率达到78%。2020年，全球互联网用户数已经突破了46亿，互联网为寻求新的增长点，不断地进行扩张，自身所蕴含的巨大扩张力迅速将其推向各个领域，互联网的使用者已不仅是计算机专业人员、学术团队、企业研究机构，还包括个人用户和一些商业机构。商业机构的进入，带来了互联网史上的一次新的飞跃，也因此在金融市场里造成了一场"互联网泡沫"。

股市泡沫是指某一特定行业的股票价格持续上升或急速发展，仅当股价崩盘时，该术语才可被使用。当泡沫破碎时，股价急速下挫，许多公司会因此破产。互联网泡沫同理，2000年，过度炒作互联网引发的泡沫破灭也给我们现在推动5G、工业互联网、区块链、人工智能等带来了一些启示：技术是慢慢渗透扩展的，不是一蹴而就的，尤其是在那些对人类的生产生活有着广泛、深度影响的领域，技术的发展从萌芽期、成长期、成熟期到衰退期都有其固有规律。

互联网泡沫时代，移动互联网能够兴起的一个原因是3G/4G网络的覆盖。从美国、日本到欧洲，再到中国，整个3G/4G网络几乎覆盖了全世界，这让移动互联网有了必要的基础设施。同时，Wi-Fi的大规模应用更是进一步推动了数据流量成本的下降，最终实现了24小时网络在线。

随着4G、5G网络的建设，物联网崛起了。顾名思义，物联网即万物相连的互联网。物联网起始于互联网，并在其基础上不断衍生和发展，最终形成了物与物之间的信息交互模式。物联网是通过RFID、GPS、红外感应器及激光扫描器等信息传感设备，按照约定的协议，将所有的物品与互联网连接起来，进行信息交换和通信，以实现智能化识别、定位、监控及管理的一种网络。随着物联网的不断发展，获取的数据量逐步增加，如果仍然采用常规数据处理手段已经无法满足当前大规模的数据存储、分析及处理。因此要高速地完成对海量、实时、高容量、多类型的数据处理，需要采用大数据处理技术。大数据处理技术能够为管理者提供数据支撑，相关工作人员也能够发现运行物联网及大数据中运用主体的趋势及问题，找出下一阶段可实现的解决问题的有效方式。总而言之，大数据处理技术不仅推动了社会各个行业发展，同时促进了物联网技术飞速发展。在工业经济时代，产品从工厂经过批发商、经销商，最后到消费者手中，整条路径是不透明的；而在数字经济时代，在电商路径下，产品的销售都是数字化的，产品到了哪个批发商,到了哪个经销商,最后到了哪位消费者手中都是可知的。

随着互联网、物联网、大数据、云计算、人工智能、5G技术的广泛应用,数字孪生终将走向世界舞台。数字孪生技术能够在提高生产效率、优化供应链、改变预测性维护、有效缓解交通拥堵等方面发挥重要作用。越来越多的企业,特别是那些从产品销售向产品+服务捆绑销售转变的企业,或销售即服务的企业,正在广泛应用数字孪生技术。随着企业能力和成熟度的不断提升,我们可以预见未来会有更多企业使用数字孪生技术进行流程优化,利用数据驱动决策,设计出新产品、新服务及业务模型。

互联网经济渗透人类活动的方方面面

如今,5G时代已经到来。5G极大地满足了人们对于移动通信网络的需求,提高了生活品质,也更高速地连接了你我他。现代移动通信以1986年第一代通信技术(The First Generation,1G)的发明为标志,经过30多年的发展,极大地改变了人们的生产生活方式,而每一代技术的更迭,都给我们的生活带来了新的变化。移动互联网的发展对人们生活的改变如图7-1所示。

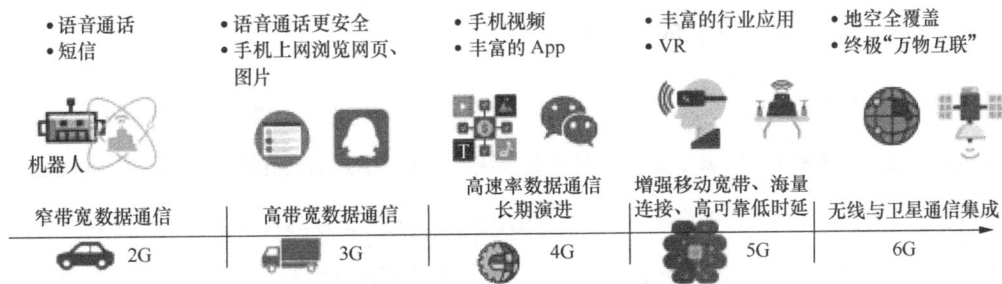

图7-1 移动互联网的发展对人们生活的改变

1G时代:只能语音传输

1G是以模拟技术为基础的蜂窝无线电话系统,是已经被淘汰的模拟移动网。1G系统在设计上只能传输语音流量,并受网络容量的限制。在1G时代,街上随处可见公共电话亭和排队打电话的人,大家腰带上都别着BB机(寻呼机)。

2G时代：手机能上网了

2G是第二代移动通信技术，以数字语音传输技术为核心，一般被定义为无法直接传送电子邮件、软件等信息，只具有通话和传送（例如时间日期）等功能的通信技术。不过在某些规格中，手机短信能够被传输，2G在美国通常被称为"个人通信服务"。在2G时代，手机普及程度还没有那么高，只是一个打电话的工具，经常出现信号连不上的情况。人们大多数会选择发电报和传真进行联络。

3G时代：随时随地无线上网

3G是第三代移动通信技术，是指支持高速数据传输的蜂窝移动通信技术。3G能够同时传送声音及数据信息，速率一般在几百kbit/s以上。3G是指将无线通信与国际互联网等多媒体通信结合的新一代移动通信系统。3G时代最火的手机是iPhone 3G。当时的手机屏幕不大，有后置摄像头，但是这种手机的像素并不高，而且网络传输速度极慢，人们用得最多的应用还是短信和QQ，如果想上网，则需要拨号。

4G时代：真正意义上的网上冲浪

4G集3G与WLAN于一体，且能够快速传输数据、高质量音频、视频和图像等。4G能够支持100Mbit/s以上的下载速度，比家用宽带非对称数字用户线路（Asymmetric Digital Subscriber Line，ADSL）的下载速度快25倍，能够满足几乎所有用户对于无线服务的要求。此外，4G可以在数字用户线路（Digital Subscriber Line，DSL）和有线电视调制解调器没有覆盖的地方部署，然后再扩展到整个地区。显然，4G有着前几代移动通信技术不可比拟的优越性。

5G时代：万物互联

对于5G网络来说，其市场需求并没有被充分挖掘。未来，中国的5G将慢慢从导入期进入规模发展期，中国信息产业网预计，我国5G基站数量将在2024年达到1400万个（含微站）。VR、工业互联网、8K高清、云桌面等应用的普及将进一步拉动5G网络的需求。

除了个人市场庞大的消费群体，5G网络还有一个大型的应用市场——车联网。未来，车联网发展的根本是在汽车生产制造中提高车辆的数字化程度，使车辆在静态和行驶中的各项数据能够通过车联网实现车路协同、车车协同，而不再单纯依靠基于手机的移动互联网。车联网要快速发展，需要把汽车数字化、道路数字化，把汽车作为一个移动的物联网终端，让它成为汽车出厂的标配。

6G时代：地空全覆盖

6G相对于5G将不仅是容量、带宽、时延等性能的大幅提升，还更紧密地与物理世界融合、与生产融合、与生活融合。6G时代将是太赫兹时代，它兼具微波通信及光波通信的优点，即传输速率高、容量大、方向性强、安全性高及穿透性强等。太赫兹在2004年由美国提出，被列为"改变未来世界的十大技术"之一。它的波长在$3\,\mu m \sim 1000\,\mu m$，而频率在$300GHz \sim 3THz$，高于5G使用的最高频率。6G移动通信系统的天线将是纳米天线；4G、5G时代是移动互联网时代，手机可以实现位置定位、读取二维码、NFC功能、测量海拔高度、计算运动步数等。而6G时代的万物互联（Internet of Everything，IoE）将人、流程、数据和事物结合在一起，使网络连接变得更相关、更有价值。地面基站与卫星通信集成，从而真正做到信号覆盖全球。6G网络将无处不在，无时不有，物就是网，网就是物，这就是物网融合的新时代。

6G将会引入基于区块链的动态频段共享技术，用于数字世界内部的数据与技术的共享，物理世界与数字世界的交互要通过一种可信机制来完成，而充当这个角色的就是区块链。此外，5G乃至6G网络的速度相较于前一代的网络将会有指数级的提升。技术进步、生产力提高、生活方式改变、市场规模扩大等是一个相互促进的过程。未来，6G 应用的方向是明确的，即通过数字孪生建立一个规范化的数字世界，它将更好地为人类服务。

从消费互联网到工业互联网

随着各大互联网公司互联网生态的兴起，整个ToC（面向消费者）的互联网生态进入互联网公司寡头垄断甚至在部分领域完全垄断的时代，ToC市场"跑马圈地"时代已经结束，整个互联网生态进入下半场。而下半场是庞大的ToB（面向企业）市场，互联网公司、电信运营商、软件类国有企业与私营企业纷纷杀入ToB主战场。未来，ToB预计将产生20万亿元的大市场，集中在企业云计算、工业数字化、工业设计、工业互联网、智能制造、虚拟专网、数字孪生工厂、工业机器人等诸多领域。

消费互联网推动移动互联网时代大发展，消费需求是刚性需求，带动力最强，消费可分为线下消费与线上消费。虽然目前相关数据显示，线上消费的增长趋势放缓，但是线上消费具备无可比拟的价格优势、效率优势，可以放缓甚至在局部拉平消费者物价指数（Consumer Price Index，CPI）涨幅，延缓通货膨胀带来的社会压力。2020年新冠肺炎疫情期间，我国消费者线上消费意愿达到70%以上，但是我们也应看到，线上经济与工业制造业能力提升之间还有一个瓶颈，这个瓶颈就是消费互联网与工业互联网之间的"鸿沟"。未来，工业互联网的重点是逐步填平这个"鸿沟"，工业互联网平台不能只盯着ToB市场，其最根本的活力源泉来自消费互联网。从消费互联网到工业互联网的延伸如图7-2所示。

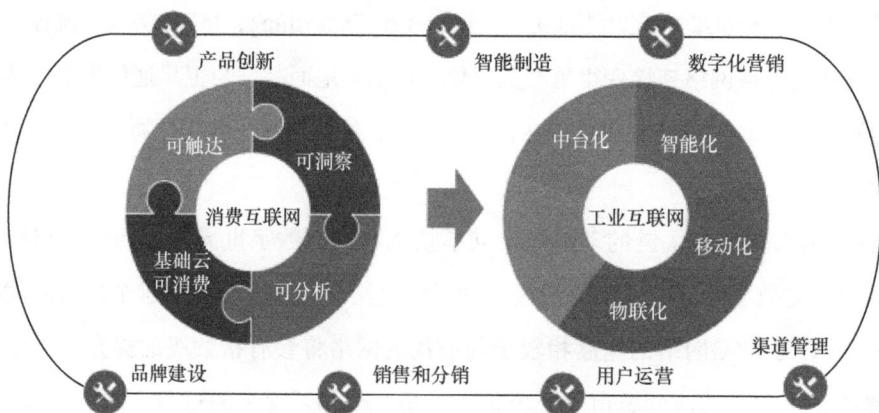

图7-2 从消费互联网到工业互联网的延伸

互联网生态黑洞与创新创业

我们正处在数字经济蓬勃发展的时代，数字经济的内在规律对宏观经济政策制定、企业战略制定、企业组织管理、产品与服务形式产生了深远的影响。互联网是数字经济时代的典型产物，生态（Ecological）一词源于古希腊语，意思是指"家（house）或者我们的环境"，而互联网生态是以大型互联网公司为中心、涉及多个行业多方参与的"生态"。围绕互联网生态的评论基本上都是以褒奖为主，对于互联网生态的研究多与具体行业相结合，例如互联网金融生态、互联网旅游生态等，而对于"互联网黑洞"，即在互联网的效益规模化之后对创新创业带来的"吸收"效应的研究较少，例如"互联网下半场寡头黑洞开启"，主要从风险投资方面对其加以关注；例如"互联网黑洞，史无前例的互联网忧虑"，主要从互联网思维的角度提出"互联网泡沫"现象。本节借鉴经典"黑洞效应"，探讨其在数字经济时代的吸引吞噬效应所带来的社会经济影响及企业相应的应对策略。

物理学黑洞效应

黑洞吸收能量与物质，靠近黑洞的能量与物质将无法逃脱。1916年，德国天文学家卡尔·史瓦西首先预言了黑洞的存在；1969年，美国物理学家约翰·阿奇博尔德·惠勒首次使用"黑洞"（Black Hole）一词，属于经典黑洞理论范畴；1974年，英国物理学家斯蒂芬·威廉·霍金提出了黑洞蒸发现象，提出黑洞在吸收物体的同时也在辐射能量。时间、光线、物体在黑洞面前无一幸免，距离越近被吸收得越剧烈。

经济学意义上的黑洞效应

经济学属于社会科学的范畴，社会科学也经常会引用自然科学范畴的理论来阐述某一现象，而经济学中的黑洞效应是指当一个企业发展到一定的规模之后，也会像一个黑洞一样产生非常强的吞噬和自我复制能力，把它势力所及的大量社会资源、竞争企业吸引过去，而这些资源使企业更加强大，形成一个正向加速循环的旋涡。经济学黑洞效应类似市场主体竞争形态的"完全垄断""寡头垄断"现象，这类企业具有强大的资本支持、广泛的经营渠道、规模化经营的成本优势，而政府为了规范这一行为，避免垄断导致企业创新活力不足，会制定促进产品竞争、抑制垄断的政策，这也是竞争政策的重要组成部分，但是经济学黑洞效应总体来说是不可避免的。这也是符合马太效应和市场经济规律的一种社会法则，资源总是向更有效率的一方聚集。即使是在工业经济时代，也会存在这种寡头垄断现象。而政府正是在不断控制垄断中与垄断企业展开博弈。

互联网生态的黑洞效应

互联网思维强调节点价值，围绕一个节点建立的连接越多，该节点的价值越大，这就是节点效应，以此为基础诞生了诸如谷歌、脸书、百度、腾讯、阿里巴巴之类的互联网企业。我国互联网创业者称这些公司为"大山"，其实这就是互联网生态的黑洞效应的体现，其他中小型互联网公司如果和它们展开同质竞争，要么在投入大量资金后生存下来，要么被兼并或悄无声息地消失。

在互联网生态的吸引下，基于庞大的用户数和用户关注流量，互联网企业容纳了社交、购物、移动办公、教育、金融、饮食、旅游、移动支付等生活的方方面面，在达到规模经济的同时，也形成庞大的互联网生态黑洞，互联网初创企业一波接一波，除非自身有实力形成独立的黑洞，否则最后都有可能被黑洞吸纳。从团购网站开始，在互联网旅游、互联网金融、网约车、移动支付、外卖订餐、共享单车等领域，大量的互联网企业在创业时风生水起，但是基本经过3～5年，初始资本消耗完之后，这些企业要么被并购，要么倒闭。以至于整个互联网行业似乎形成共识：互联网环境下的创业就是"烧钱"，成功概率较低，最后导致民间资本越来越不愿意将钱投向服务型企业。

互联网黑洞效应的外在表现在国内外基本保持一致，这种庞大的互联网黑洞，逐渐将市场推向垄断。截至2020年年底，国内移动互联网App已经有50多万个，平均一个App平台开发成本在10万元左右。其实大部分App都处于无活跃用户的状态，生存下来的App也基本处于广告维持模式，即通过出卖流量获得收入来维持软件运营和更新。在互联网黑洞效应下，这些App的功能属于寡头互联网企业已开发功能的补充或者相似内容，而寡头互联网企业依靠庞大的用户数量带来的规模效应可以支持业务更新，大部分小型App开发和运营企业则不具备这一优势，因此，这类App的平均寿命一般在2～3年，这也意味着小企业、创业个体在耗完初始投资之后便宣告App停止运营。

互联网黑洞效应对创新创业的影响与应对策略

宏观经济政策的四大目标是充分就业、价格水平稳定、经济增长和国际收支平衡。充分就业及自然失业率是每个政府关注的核心民生指标，而中国人口庞大，政府指导降低失业率的压力巨大，从这方面来说，推进创新创业是减轻就业压力的一大方向，尤其是中小微企业，吸纳了大部分的就业岗位。国务院发布的数据显示：近年来，民营企业和小微企业贡献了50%以上的税收、60%以上的国内生产总值、70%以上的技术创新成果、80%以上的城镇劳动就业、90%以上的企业数量。民营企业和小微企业是吸纳就业的主力军。党的十八大以来，国家陆续出台了扶持鼓励创新创业的政策，并且从税收、人才、工商登记等多维度不断完善创新创业的政策体系。2019年10月，国家设立了创新创业资源共享平台，旨在完善中小微企业财政支持体系，加强知识产权保护等。随着"互联网+"的实施，小微企业在带来生产效率提升的同时，也带来了大量的就业岗位，同时也创造了大量的自由职业种类，例如，自营网店店主、网约车司机、外卖员、网络客服、网络直播从业者、网络小说作者等。

总体来说，"双创"政策的直接目标是解决就业问题。长期来看，要推动经济增长，创新创业是未来的主要趋势，从第三产业服务业的持续增长可以看出，个体经营者、自由职业者将是服务业就业的主力军。互联网生态黑洞带来了就业机会，但是对创新创业也产生了负面影响：小微型的互联网创新创业企业只能依附于大型互联网生态黑洞企业，很难开展商业模式和技术创新，这本身不利于整个行业的健康发展，因此互联网经济有利有弊，需要通过市场监管进行调节。

互联网黑洞效应的治理政策建议如下所述。

建议一：完善法律法规，对"黑洞式"不正当竞争市场行为开展治理行动

所谓恶意垄断行为，就是企业凭借其雄厚的资本实力以远低于成本的价格给用户补贴，通过"烧钱"竞赛拖垮其他中小竞争者，这种行为已经构成恶意竞争，破坏了市场秩序，引起大量的资源浪费。从短期看，超低价策略给用户带来了实惠，但是从中长期看，该策略破坏了市场的新生力量和创新力，最终受害的是市场环境和用户。

欧盟重视不正当竞争行为的治理。2017年6月，谷歌因为操纵购物搜索结果，使自己的购物服务词条优先于竞争对手出现，被欧盟罚款24亿欧元。2018年6月，谷歌因滥用其安卓操作系统在移动领域的市场支配地位，被欧盟判处43亿欧元罚款。2019年3月，美国科技巨头谷歌因"扼杀"在线广告领域的行业竞争，被欧盟反垄断机构判处了14.9亿欧元罚款。近几年，美国科技公司因垄断操作频繁被罚，2019年6月，美国政府对亚马逊、苹果、脸书、谷歌4家科技巨头发起反垄断调查，美国政府已经意识到互联网企业就像黑洞一样打压着市场的新生力量，阻碍了创新创业。

建议二：引导互联网产业链合理分工

互联网的精神是"开放、平等、协作、快速、分享"，但实际上大型互联网企业往往通过生态黑洞占据上下游产业链环节，互联网生态因为是个别且独有的，所以无法真正实现开放；因为是垄断的，所以也无法做到平等；因为是以最终获取利益为目的的，所以也阻碍了分享。互联网是一个庞大的产业链，包括平台、软件开发、网店、网店服务、内容服务、分发服务、存储服务、网页服务、广告服务等多种产业，然而由于互联网生态黑洞的现象存在，所以产业上下游已经不是企业与企业之间的分工，而是大型互联网企业一家独大，其他参与的小互联网企业无法真正做大。

互联网企业经营的是基于网络、数字化的业务，实体经济则是基于建筑、实体门店、物理环境、产品，后者往往通过各种产权证书、工商登记等形式体现经营资质，而互联网环境对企业的资质要求很少、门槛很低。2012年11月，"互联网+"理念及行动计划开始出现，自这一时间点以来，大量的互联网企业如雨后春笋般涌现，涉及团购、共享经济、O2O、新零售、直播等，而基本上90%的企业现在已经消失在人们的视线中。

实际上，这些互联网企业的理念都很好，都体现了互联网思维，它们也投入了大量的资金用于研发和推广，其失败的根本原因是都想做平台，都想做互联网平台的"统治者"，而不是产业链分工的内容提供者，不甘于做精一个个小小的专业领域，因此真正活下来的企业反而是提供开发和网络服务的企业。

基于此，政府应当引导行业产业链加强合作。据不完全统计，全国目前至少有269个工业互联网平台，这些平台都希望做强做大，做成全国的统一平台，一方面，这带来了重复建设；另一方面，除了可以统一的标准，没有哪家企业能够占据整个中国市场。因此政府引导产业链加强分工，不搞重复建设、不重复投资是关键。政府应当鼓励企业做精具体领域，开展平台对接合作，不断迭代优化，提高自身的服务水平。

互联网黑洞效应下的企业创新创业策略及方向

在互联网黑洞效应下，整个服务业如何实现持续发展是政策制定者要思考的问题，而对于服务行业的企业来说，如何在互联网大潮中创新发展也是一个巨大的挑战。做大平台，做好做精具体产业链领域是新生互联网企业生存下来的根本策略。

方向一：开展数据服务

数据是互联网的基础，是连接的前提，企业应当开展数字孪生、大数据采集、大数据挖掘、数据库开发等服务，以消除"信息孤岛"为目的开展数据服务。例如做好数据总线服务，在很多行业，包括政府信息化、产业互联网、物联网都需要数据交换，数据交换就需要数据总线。另外，平台即服务（Platform as a Service，PaaS）也是典型的数据服务业务。

方向二：开展软件服务

互联网需要不断地推进信息化，而软件就是载体，软件开发是刚性需求。在开展软件开发服务时，企业开发的软件要面向各种平台，提高兼容性和可扩展性，要制定开发过程中的标准化方法，要瞄准对产业链、价值链、信息链、物流链的研究开发，要做面向不同行业的互联网软件产品。

方向三：开展平台对接服务

在互联网行业，用户流量是业务收入的来源，而很多平台苦于无法吸引用户而无法壮大，即使平台的内容很好、形式很新颖，也要从零开始做用户流量。而如果有企业可以提供接口服务，让不同软件平台之间的用户共享流量，那么也可以快速实现增收，这种平台对接服务企业也是行业的刚需。

方向四：开展互联网硬件解决方案服务

互联网、物联网服务不仅要靠软件，还需要各种专用终端、传感器，例如支付扫描、二维码扫描、人脸识别终端、近距离无线通信（Near Field Communication，NFC）、嵌入式硬件，这些也都是互联网行业的刚性需求。只要有技术含量、服务市场需求，企业就可以通过产品更新迭代不断做大。

方向五：标准化服务

OSI七层模型、TCP/IP本身就是最好的标准化样本，正因为标准化，所有的数据设备才能够通过互联网形成一个整体。而未来，信息平台的对接、"数据孤岛"的消除需要的是标准化的数据接口服务商，其业务范围包括推动制定行业标准、提供标准化服务、产品认证服务，将信息化平台真正做到安全可靠地融通。

方向六：抓住数字经济向智能经济演进契机，开发核心算法

如果市场存在刚性的互联网应用需求，那么企业可以通过提前布局核心算法，待时机成熟再快速推广一系列吸引用户和流量的微创新，迅速占领市场。北京字节跳动科技有限公司（以下简称"字节跳动"）成立于2012年，利用人工智能算法作为核心竞争力，利用人们在信息爆炸时代对头条新闻的关注开发"今日头条"，按照用户的兴趣爱好和阅览习惯进行推送，并采用答题抢红包的微创新吸引流量；在网络直播自媒体盛行时，敏锐地观察到短视频的流行趋势，快速布局多个短视频平台，吸引了大量年轻用户，然后通过搭建广告平台提供服务并收费；在此基础上形成向教育、金融、支付、保险、影视、O2O消费扩展的态势。整体来说，字节跳动在看到了数字经济向智能经济演进的必然趋势的同时，做到了利用"核心技术"和"微创新"来快速布局，这给互联网创新企业也带来了一定的启发，一个很小且有核心算法的应用有可能在短时间就能带来大量的具有刚性需求的用户。

除以上方向外，还有网络信息安全服务、数据中心服务、云存储服务等，这些都是互联网公司可以拓展的业务。

物联网渗透物理世界的各个角落

物联网概念首次出现在1990年。进入21世纪后，物联网技术开始高速发展，在2005年举办的信息社会世界峰会上，"物联网"概念被正式提出。物联网简单来讲就是物物相连的互联网，其核心和基础仍然是互联网。物联网通过智能感知、识别技术与普适计算等通信感知技术，应用于网络融合之中。

我国的物联网技术在近十年间有了长足的发展，业内形容其为"五年一小步，十年一大步"。经过十年的发展，中国物联网逐渐向世界先进水平靠拢，各大科技企业也纷纷试水物联网，极大地推动了整个产业的快速前行。

经历了多次蜕变的物联网技术，未来将何去何从，这已经成为整个行业都在思考的核心问题。可以预见的是，在未来，物联网技术将渗透社会的各个角落，在众多领域中起到主导作用。从目前的情况看，传统企业是物联网技术下最早的受益者。

在技术革新的背景下，物联网已经开始逐渐在各个传统行业里落地，助力传统产业升级发展模式。例如，智慧物流、智能交通、智能安防、智慧能源环保、智能医疗、智慧建筑、智能制造、智能家居、智能零售、智慧农业、智慧城市等都有物联网技术的身影。尤其是智能零售，更离不开物联网的支撑，这也是物联网技术"改造"传统行业的典型案例。以阿里巴巴的盒马鲜生为例，借助物联网技术，盒马鲜生可以做到对生鲜产品的溯源、防伪，以及对生鲜的整个冷链运输过程当中温度及时间的掌控。同时，物联网技术还能帮助消费者获得智能识别、无人销售等全新体验。物联网逐渐渗入各个行业如图7-3所示。

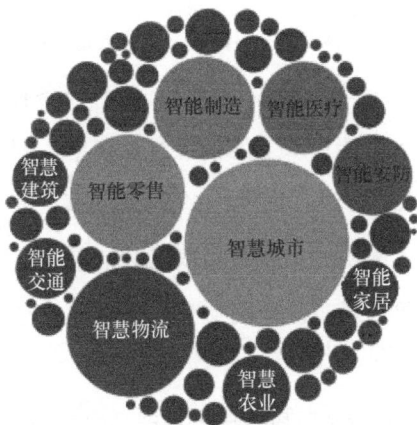

图7-3 物联网逐渐渗入各个行业

除传统行业外，未来物联网会成为社会运转及生产的基础数字化技术，也将被应用于社会的每一个角落。以我国为例，早在2018年，国务院就已正式印发《"十三五"国家信息化规划》，该文件明确指出："积极推进物联网发展。推进物联网感知设施规划布局，发展物联网开环应用。实施物联网重大应用示范工程，推进物联网应用区域试点，建立城市级物联网接入管理与数据汇聚平台，深化物联网在城市基础设施、生产经营等环节中的应用。"

从物网分离到物网融合

"物网合一"的概念

随着物联网、宽带以及自动化、智能化的推进，建筑物、构筑物、市政公共设施、交通工具等所有固定或移动的物品，越来越多地呈现出与数字世界的"网络"融为一体的趋势。把握这种趋势，一方面可以提升网络覆盖的深度和广度，另一方面可以加速转变生产、生活方式，提升社会运转效率。这种融合具体体现为互联网与物联网的融合、通信网络与物理世界的融合、互联网与物理世界的融合、物联网与物理世界的融合。"物网合一"在广义上是指物体既作为联系的信息终端，又作为网络的接口，同时能够承担一定的操作执行指令。它有3种展现形式：单工的感知网络，即认证感应和物品标签信息读取，例如RFID、电子标签、金属感应线；单工的执行网络，这种设备在数字网络之前的模拟网络中比较多见，设备仅仅具有执行功能；双工的信息交互网络，即能够进行信息直接互传，通常采用WLAN、蓝牙、ZigBee、LoRa、NB-IoT等传输方式。本章所述的物网融合从广义上来讲包含以上三者，从狭义上来讲，主要是指双工的信息交互网络，物品与物品之间能够直接进行本地信息交互，也可以通过广域网交互，同时物品与物品之间能够形成网络的代理型信息传输通道。

物网融合的发展方向包括在制造阶段就已经在产品内部部署的网络设施、网络终端；发展智能家居、智慧基础设施装备；建筑、家电设备、电气装备、公共设施的所有的有源和无源器件除了有网络接口，还应该有天线功能，例如所有的门窗、电梯、桌椅、灯具、空调等；所有的移动终端设备都可以随时随地通过物接入网络。

物网融合与物联网的区别与联系

顾名思义，物联网就是物物相连的互联网，具体包含两层意思：其一，物联网的核心和基础仍然是互联网，是在互联网基础上延伸和扩展的网络，物联网信息需要通过互联网传递；其二，物联网的用户端从人与人之间的行为程序、流程、管理，延伸和扩展到物品与物品之间进行信息交换，也就是物物相息。

而物网融合是物联网的升级版。物联网实现物品之间的连接，"网"作为"物"的附加件，未来5～10年的趋势是物与网融为一体，"物"既是网络的终端（地址标识，物联网范畴）也是提供连接的通道（移动通信天线、宽带接口，移动通信范畴）。数字世界依存于物理世界，物理世界通过数字世界变得更有效率、更舒适。

物网融合的展现形态

1. 网络与建筑物的融合

当前将智能化、室内分布和微基站进行一体化规划设计实施，一次进场、一次施工，同步建设、共享使用，降低了整个方案的投资成本，实现了良好的经济效益和社会效益，总体可以节省建设成本达20%以上。未来，建筑设计不仅应考虑"建筑、结构、水、暖、电"，还应考虑"网"，考虑有线网络、无线网络、物联网的覆盖，而不是单纯地预留埋管。尤其是随着建筑工业化的发展，建筑构配件预制化已无法通过传统的预留埋管形式完成。每个物品自身应具备网络功能，建筑构配件应自身就有网络载体。可见光通信最高速率可以达到10Gbit/s。带宽速率与以下两个因素呈正比：首先是基站与基站的间距，其次是建筑物的密度。随着5G的商业化，无线接入站点的间距变小，按照这个趋势，未来所有建筑部件都需要做到与网络设施的3个同步，即同步设计、同步施工、同步验收。当前，网络设施建设问题是通过建筑施工完工后的综合布线的形式解决的。以某面积为5万平方米的商业街区为例，从经济效益来估算，在建筑设计建设的过程中，将智能化与室内分布及微基站同步建设，一方面可节省室内分布投资额达2.01万元，每平方米造价可节省0.718元，降低原造价的20.7%，室内分布总投资额达8.9万元；另一方面可节省微基站投资额达4.2万元，降低原造价的22.6%，微基站总投资额达14.4万元。

城市的地下管线建设存在"九龙治水"现象，管线位置、埋深、类型等错综复杂，随着城市的发展呈现的各种问题，管线迫切需要具备网络定位、环境感知、流量控制功能，而随着综合管廊的推广应用，管线的网络化、智能化水平将大大提高，GIS定位+BIM应用使地下管线变得3D可视化，而管廊内同步覆盖的网络信号可随时感知管廊内的环境，远程控制线路关键节点以及收集数据，可以说，未来城市的地下管线管理的方向就是管网融合，本质就是"物网融合"。

2. 网络与交通设施的融合

中国部分城市正在推动智慧灯杆建设，这也是在基础设施上考虑"物网融合"。在工业经济时代，灯杆的功能只是交通照明，而在数字经济时代，它承载了无线基站、Wi-Fi、传感器等功能，智慧灯杆还有安防功能，摄像头可以进行实时监控，及时发现异常，例如交通事故、火灾等。它还有充电桩功能，可以给电动汽车充电。智慧灯杆还可以提供Wi-Fi，给市民带来上网服务。智慧灯杆的传感器可以采集实时环境数据，把温度、湿度等实时的气象数据播放在广告屏上，方便市民出行。今后它还可以提供公交车的定位服务，对井盖等容易失窃的公共设施进行监控，如果有异常的话可以发送警报信息，及时处理。未来，灯杆上可以加装一些基站，例如5G手机通信的一些基站，这让它具备互联互通、全面感知、智能协同的功能，而且可以与车辆网络互通。

无人驾驶的发展就是汽车与网络融合的过程，以无人驾驶为终极目标的智能网联汽车发展要经历3步：路网合一、车联网、无人驾驶。其中，路网合一是道路沿线有网络覆盖，道路与网络合二为一，每个交通工具都能在路面上随时随地接入网络，城市道路可以通过路灯杆检测到各种交通工具的流量、速度和行人行为，这是无人驾驶的前提；车联网是汽车成为终端的人与汽车组成的本地"雾计算"集群，使汽车可以与附近的车辆进行通信，以保持合理车距、车速，发送变道通知；无人驾驶最重要的不是汽车本身的智能化，而是汽车之间的信息交互，包括本地交互和远程交互。需要注意的是，无人驾驶在以上两个条件都具备之后，才称得上是安全的、可靠的。

城市中的公共停车位加装感应功能，可使停车位在网络空间上具有"有"或"无"符号，并能够和数据结合形成停车管理系统，城市的设施表面看上去是物品，而在网络世界中是一个终端，在数据世界中是一个符号。

3. 网络与家居环境的融合

随着互联网家装市场渗透率的提高，中国智能家居市场规模有望进一步扩大，预计到2022年突破2000亿元。当前，家庭中的厨房电器、取暖设备、采光设备、卫生设施、客厅家电都可以实现与通信网络的互联互通，不再是传统意义上的家居用品。智能冰箱、智能空调、智能洗衣机、智能影音数码（智能电视、智能音箱等）这些设备在电气化、数字化技术基础上向网络化、大数据的方向又迈进了一步，而且随着人工智能技术的发展，呈现出人机交互、智能语音交流的特点，成为"物网融合"的先锋。

4. 网络与工厂车间的融合

世界工业经过了蒸汽机时代、电气化时代、模拟电路时代、数字化时代近300年的发展，如今，工业互联网、工业物联网的概念已深入人心，数字网络已经与车间、流水线、数控机器实现了紧耦合，特别是在工业机器人被广泛使用的汽车制造和家电制造行业，整体流水线就是"数字网络"+"机器臂"，很少再有人工干预。工厂要实现"无人车间"，需要"物网融合"，首先通过传感器进行感知并上传数据，再经过机器网络互联进行自动化的控制。流水线实体与网络同步敷设，数字化制造技术将运营技术和信息技术融合，实现数字孪生工厂，工厂将变成一个巨型的3D打印机，将数字孪生的设计变成实物。

5. 网络与移动交通工具的融合

车联网将重新定义汽车，成为无人驾驶的基础设施，没有车联网的无人驾驶无法规模化推广。只有当车辆与网络融为一体，车辆成为网络的一个信息收发终端，才能使所有几十千米范围同时行驶的车辆通过控制系统实现自动推荐行驶路线、灵活调度，达到交通效率最优模式，在此基础上，人工智能技术能够通过激光、雷达、摄像头等实现车辆对环境数据的采集、分析、判断、执行。其他的移动交通工具都可以参照这个模式，包括客车、公交车、货车、无人快递车、无人驾驶道路清扫车等，不同种类的车辆进行交互，可实现交通工具之间的本地边缘计算式的灵活调度、安全行驶。2016年，在特斯拉的事故案例中，一辆车将前方的拖挂货车上的图案识别为蓝天白云和路牌,直接撞了上去,很明显,如果前方货车采用了车联网技术,两辆车就会自动捕捉到对方的位置,在相距几百米之内完成信息交互、变道避让。未来的无人驾驶汽车的安全保障共分为3层:第一层是车身的毫米波雷达,机器视觉系统,自动避让、主动刹车系统,实现近距离时段的安全防护;第二层是车联网,实现车与车之间信息交互的安全保护,实现中短距离时段的安全防护;第三层则是无人驾驶技术对周围环境数据分析后的快速判断系统和在紧急情况下提醒驾驶员接管车辆,实现长距离时段的安全防护。无人驾驶能够被普及的前提是"车网融合"。

物网融合的社会价值与愿景

1. 物网融合推动通信产业网运分离

数字化、"互联网+"、城市光网、农村宽带覆盖等措施深入推进,电信产业基站数量、网络规模越做越大,建设和维护成本不断攀升,网络重复建设成本问题依然严重。随着提速降费政策的推行,网络业务总量虽然在增加,但是在现有模式下其利润增长空间已非常有限,随着"物网融合"的推进、局端机房(Central Office,CO)向数据中心(Data Center,DC)改造,5G乃至6G网络的"最后一公里"接入将全部交给社会。而由多家运营商重复建设的网络未来也许被彻底整合成一张网,各类基站、小区接入网等变成建筑开发商的配套设施,由电信基础设施公司进行对接验收,在农村设立普遍通信网络服务基金,实现网络的规模经济化、普遍服务化、公共产品化,类似电网或城市自来水管网。"网运分离"促使电信运营商、互联网企业、虚拟运营商、国外电信运营商各类市场主体一起竞争,真正形成业务创新运营平台(国家颁发电信业务运营牌照),专注于面向各行各业产业用户、大众消费者提供各类电信创新服务,促进社会生产生活的深度数字化、信息化,而电信基础设施公司会变成类似"机场"的平台,为这些企业提供"跑道服务",最后实现云计算像"自来水"一样按照流量收取这些电信业务创新公司的服务费,而用户向这些提供服务的电信创新服务公司缴费。

2."物网融合"助力打造中国特色的智能社会

"物网融合"的未来前景也是数字经济的下一步演进方向,即智能经济。"物网融合"

是数字经济发展的成熟形态，它必然是人工智能的基础。网络强国不仅体现为网络速率高、网络时延低等指标，还体现在利用网络技术支撑生产效率与生活效率的提高、生活方式的改善。当前，我国数字经济的建设已经渗透到各行各业，特别是移动支付的应用已经处于世界领先地位，物联网、车联网、建筑信息模型、城市信息模型、行业智慧化建设也在逐步推进，形成了具有中国特色的智能经济模式，在智能社会中具备了产品核心竞争力、商业模式核心竞争力、产业链核心竞争力。

3."物网融合"助力智能社会早日到来

传统的以"人工+机器"的工业制造模式已经让生产力接近"天花板"，"物网融合"模式可逐步减少人的体力劳动乃至参与人的简单脑力劳动，改变了传统企业的成本结构、社会运行成本结构，使生产效率产生增长拐点。在智能社会，生产效率的指数式爆发可以使"按需索取"成为可能，人的健康、知识、素质会在摆脱重复的简单劳动中彻底解放出来，人控制机器的全新生产关系逐渐形成。

数字经济与智能经济的互动关系

根据技术经济演进论的财富增长逻辑，数字经济是再造一个数字的人类世界，这个人类世界存在于网络中，由大量的流动数据、算法、网络节点、存储节点、计算节点、可靠的信任法则、大量的服务应用，以及还有大量的传感器、服务器、传输系统、泛终端等共同构成。

大数据：人工智能的"食粮"

大数据（包括结构化、非结构化数据）为人工智能技术提供了机器学习的"食粮"。人类的生产、生活产生了大量的数据，进入21世纪，人们通常用"信息爆炸"来形容这种现象。《数据时代2025》报告显示，2025年人类产生的数据量将达到163ZB，通过利用这样一个庞大的数据量，一方面我们可以使用信息系统、检索系统、智能检索去解决人口问题，通过云计算提升服务器利用效率，通过内容分发网络（Content Delivery Network，CDN）解决网络层面的存储转发问题，通过建设高速全光网络和移动网络的不断升级换代，解决数据传输速率问题，通过大量建设现代数据中心及通信机房向数据中心转化等手段，建设网络层面的"高速公路"；另一方面我们在数据层面可采用数据清洗、大数据算法、数据挖掘、数据建模、数据集市、知识库等措施来管理和利用数据。这些是信息化社会阶段的技术和商业手段，但是数据的利用率依然较低。当前，大数据主要的用途还集中在消费领域，而大数据的真正价值在于发展人工智能，大数据尤其是带着标签的数据是机器学习、深度学习、神经网络、模式识别等人工智能算法的基础，数据量越大，人工智能的结论越接近正确答案。数据的类型对人工智能的促进作用如图7-4所示。

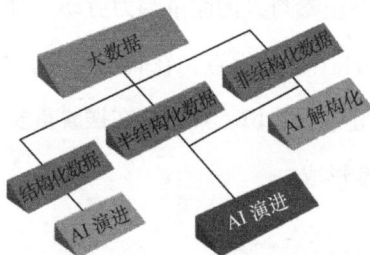

图7-4　数据的类型对人工智能的促进作用

数字孪生：数字经济向智能经济演进的必经阶段

从技术经济演进论的角度来说，人工智能三起三落的原因是数字经济的发展还不够充分，数字经济当前还处于互联网、物联网阶段，"泛终端""大连接"是关键词，一个重要的阶段——数字孪生还没有最终完成。数字孪生世界是人工智能大发展的前提。

智能经济是数字经济的下一个阶段，是以数据、算力、算法、网络为支撑，以智能技术创新为核心驱动力，推动智能技术与实体经济深度融合，实现智能技术产业化和产业智能化，支撑经济高质量发展的经济活动。智能经济的架构可以分为以网络基础设施为核心的基础层、以场景拓展为手段的应用层和以智能技术赋能为目标的价值层。智能产业化和产业智能化是智能经济形态体现的主要方式，可分为3个方面：以云计算、大数据、物联网、人工智能、区块链等为核心的基础产业；以智能硬件、智能装备、机器人等为代表的核心产业；以智能制造、智慧物流、智慧城市等智能技术应用场景创新为核心的创新产业。

中国尽管在智能经济方面起步略晚于美国和欧洲，但是很快就将其提高到国家政策层面，2017年7月，国务院印发并实施《新一代人工智能发展规划》，要求人工智能应当与社会经济发展深度融合，提升新一代人工智能科技创新能力，建设智能社会。2019年《政府工作报告》提出"智能+"的概念，指出"智能+"应当为制造业转型升级赋能。2019年3月，中央全面深化改革委员会第七次会议时要求人工智能和实体经济深度融合，最终形成"数据驱动、人机协同、跨界融合、共创分享"的智能经济形态。

随着云计算、物联网、大数据等IT技术，以及人工智能、机器学习等智能技术的持续发展和深化应用，各行各业加快建设"制造强国"，加快发展先进制造业，推动互联网、大数据、人工智能和实体经济深度融合。国防军工企业进入以智慧（或智能）为标志的数字化转型阶段。**数字化转型将通过数字技术与工业技术的融合来推动产品设计、工艺、制造、测试、交付、运维全环节的产品研制创新，通过数字技术与管理技术的融合来推动计划、进度、经费、合同、人员、财务、资源、交付、服务和市场全链条的企业管理创新。**数字孪生作为重要的支撑理论和技术得到了更多关注与认可。

智能经济的出现是人类社会的一场颠覆性变革，数字孪生具有虚实共生、高虚拟仿真、高实时交互和深度洞见等技术特性，其应用走向也从工业领域延伸拓展到其他领域。

- **数字孪生与物联网。**数字孪生与物联网对物理世界的全面感知是实现数字孪生的重要基础和前提，物联网通过射频识别、二维码、传感器等数据采集方式为整体感知物理世界提供了技术支持。此外，物联网通过有线网络或无线网络为孪生数据的实时、可靠、高效传输提供了帮助。

- **数字孪生与3R虚拟模型。**数字孪生与3R［即增强现实（Augmented Reality，AR）、虚拟现实（Virtual Reality，VR）和混合现实（Mixed Reality，MR）］虚拟模型是数字孪生的核心部分，为物理实体提供多维度、多时空尺度的高保真数字化映射。实现可视化与虚实融合是使虚拟模型真实呈现物理实体以及增强物理实体功能的关键。AR/VR/MR技术为此提供支持：AR与MR技术利用实时数据采集、场景捕捉、实时跟踪及注册等实现虚拟模型与物理实体在时空上的同步与融合，通过虚拟模型补充增强物理实体在检测、验证及引导等方面的功能；VR技术利用计算机图形学、细节渲染、动态环境建模等实现虚拟模型对物理实体属性、行为、规则等方面层次细节的可视化动态逼真显示。

- **数字孪生与边缘计算**。边缘计算技术可将部分从物理世界采集到的数据在边缘侧进行实时过滤、分析与处理，从而实现用户本地的即时决策、快速响应与及时执行。结合云计算技术，复杂的孪生数据可被传送到云端进行进一步处理，从而实现针对不同需求的云边数据协同处理，进而提高数据处理效率、减少云端数据负荷、降低数据传输时延，为数字孪生的实时性提供保障。

- **数字孪生与云计算**。数字孪生的规模弹性很大，单元级数字孪生可能在本地服务器即可满足计算与运行需求，而系统级和复杂系统级数字孪生则需要更大的计算与存储能力。云计算按需使用与分布式共享的模式可使数字孪生拥有庞大的云计算资源与数据中心，动态地满足数字孪生不同的计算、存储与运行需求。

- **数字孪生与5G**。虚拟模型的精准映射与物理实体的快速反馈控制是实现数字孪生的关键。虚拟模型的精准程度、物理实体的快速反馈控制能力、海量物理设备的互联对数字孪生的数据传输容量、传输速率、传输响应时间提出了更高的要求。5G通信技术具有高速率、大容量、低时延、高可靠的特点，能够契合数字孪生的数据传输要求，满足虚拟模型与物理实体之间海量数据低时延传输要求。实现大量设备的互联互通，从而更好地推进数字孪生的应用落地。

- **数字孪生与大数据**。数字孪生中的孪生数据集成了物理感知数据、模型生成数据、虚实融合数据等高速产生的多来源、多种类、多结构的全要素/全业务/全流程的海量数据。大数据能够从数字孪生高速产生的海量数据中提取更多有价值的信息，以解释和预测真实事件的结果和过程。

- **数字孪生与区块链**。区块链可对数字孪生的安全性提供可靠保证，可确保孪生数据不易篡改、全程留痕、可跟踪、可追溯等。独立性、不可变和安全性的区块链技术可防止因孪生数据被篡改而出现的错误和偏差，以保持数字孪生的安全，从而鼓励更好的创新。此外，通过区块链建立起的信任机制可以确保服务交易的安全，从而让用户安心地使用数字孪生提供的各种服务。

- **数字孪生与人工智能**。数字孪生凭借其准确、可靠、高保真的虚拟模型，多源、海量、可信的孪生数据，以及实时动态的虚实交互为用户提供了仿真模拟、诊断预测、可视监控、优化控制等应用服务。不需要数据专家的参与，人工智能通过智能匹配最佳算法可自动执行数据准备、分析、融合，对孪生数据进行深度知识挖掘，从而生成各类服务。数字孪生有了人工智能的加持，可大幅提升数据的价值以及各项服务的响应能力和服务准确性。

智能经济培育更加高效的数字经济

到了未来的智能经济时代，数字经济依然可以持续发展，可分为人工智能的数字世界、人类的数字世界、人工智能的物理世界、人类的物理世界四大领域。有了人工智能的巨大推动力，人类经济与财富总量呈指数级分裂式增长；在数字经济发展充分的领域，人类开始培育具有重大引领带动作用的人工智能产业，促进智能经济与数字经济各领域深度融合，形成数据驱动、人机协同、跨界融合、共创分享的数字经济升级形态。数据和知识成为经济增长的第一要素，人机协同成为主流生产和服务方式，跨界融合成为重要经济模式，共创分享成为经济生态基本特征，个性化需求与定制成为消费新潮流，生产效率大幅提升，引领产业向价值链高端迈进，这会有力支撑实体经济发展，全面提升经济发展质量和效益。

智能经济对于数字经济的发展促进作用主要体现在一些人工智能发展较好的行业，人工智能工具作用于数字经济的基础设施，使其更加智能高效。

1.人工智能促进非结构化数据结构化

非结构化数据占比较大，例如论文、图片、标准文档、专利文档、项目文档、网页文章、博客、微博、H5页面、视频、声音文件等，这些非结构化数据的充分利用价值比结构化数据的价值更高，这些数据以信息或知识的形态存在，但是实际情况是这些数据利用率很低，大部分都会在"沉睡"中慢慢丧失价值。在数字经济时代，技术限制导致数据很难得到充分利用，例如为了对图片进行机器学习而不得不对图片先进行人工打标签处理，这种方式效率低下。而在人工智能时代，人们可以通过智能分析工具对非结构化数据进行解构，语义理解、逻辑思维等方式让工具能自动地从这些非结构化数据中按照一定的规则和主题提取出有价值的数据，并使其成为结构化数据，这样的人工智能会加速非结构化数据的结构化。

2. 人工智能促进网络的智能化

通信网络、互联网本身是数字经济的基础设施，同时也是数字经济领域发展最快最好的领域，在通信网络建设规划阶段，人们可以通过神经网络分析方法预估用户量、话务量、带宽。数据靠的是光通信的可靠传输，人工智能技术也可以应用于光通信网络的辅助工作，人工智能应用到网络运维中可以帮助运维人员快速定位根告警和故障源，提高运维效率。在广域网领域，网络安全威胁每时每刻都在发生，且每次都有新的威胁变化形式出现。机器学习特别是深度学习方法采用无监督学习与有监督学习结合统一的方式大大提高了网络的主动防御能力。人们可以通过人工智能实时对网络流量、网络异常、威胁检测、用户异常行为判断等内容进行主动分析判断，形成回归（预测）、分类、聚类、推荐等一套系统性的分析算法。

3. 人工智能促进数字孪生世界的实时生成

在数字经济时代，人们通过车载摄像头可以扫描街景并将之与数字地图绑定，也可以通过空中无人机扫描，但这基本上是通过半人工的形式来实现地图静态图景的孪生化。在人工智能时代，所有带有实景采集的人工智能设备都可以通过实时的数据采集，呈现实时的、动态的、室内外的数字孪生世界。这个动态的数字孪生世界可以服务于无人驾驶、人工智能物流车、公共交通工具等。

第八章

智能经济演进论

概述

1956年，"人工智能（Artificial Intelligence，AI）"一词在达特茅斯会议上得以提出，学者艾伦·纽厄尔和赫伯特·西蒙主张使用"Complex Information Processing（复杂信息处理）"，发起会议的约翰·麦卡锡倾向于使用"Artificial Intelligence（人工智能）"这个词，意为利用人工的手段达到实现模仿人类智能的目标。

人工智能的内核是计算机技术，因此只有数字化的世界才能更好地被人工智能（通俗地说就是机器）接收和学习。当前人工智能的发展过度强调机器本身的深度学习能力，而忽略了学习的基础资源，即数字经济阶段的技术积累。数字经济的演进必须经历数字化、互联网、数字孪生三大阶段，人工智能技术的发展三起三落，一方面与每个阶段数字经济发展不充分有直接关系，另一方面也与当时当地在具体领域取得的突破进展有很大关系，例如IBM研发的超级国际象棋电脑深蓝（Deep Blue）与国际象棋、阿尔法狗（AlphaGo，围棋机器人）与围棋等，每次人工智能的胜利总能引起人们的热议，进而引发一波"炒作潮"和"投资潮"。每个科技与经济发展阶段都要以上一个阶段为基础，而如果上一个阶段整体发展不充分，本阶段的发展就会缺乏基础，出现"往复式发展现象"。虽然各个行业发展呈现不均衡性，但是在规划明确、世界清晰的领域，人工智能的发展突飞猛进。因此，物理世界的数字化（包括特征化、向量化、标签化）是人工智能发展的第一步；互联网是第二步，这一过程让不同实体之间信息得以共享，避免重复劳动，同时可以使本行业的数字化成果得以聚焦；信息化（包括大数据服务、云化信息系统）是第三步，这一过程使各个行业之间的数据得以互相交易、分享。以上三步使人工智能在具体领域有了学习、智能升级的基础。当人们在模仿人类大脑开发人工智能、研究卷积神经网络、开发深度学习时遇到瓶颈时，不妨采用逆向思维思考一下这个领域的数字化发展是否充分。

在智能经济领域，人工智能的进化路线是从专用人工智能、通用人工智能到超级人工智能。

专用人工智能的热点领域

机器学习：像培养学生一样培养人工智能

大数据是人类文明的数据积累，有了大数据、大数据算法，还需要机器学习，即让机器从标准化数据中提取出机器需要掌握的知识和经验（至于掌握的知识是否正确，取决于基础数据是否准确、算法是否可靠）。机器学习是计算机科学和统计学的交叉学科，涉及概率论、统计学、逼近论、凸分析、算法复杂度理论，机器学习是人工智能的基础能力。机器是否具备知识储备能力，一方面取决于数据量多少，另一方面取决于机器学习能力强弱。机器学习是归纳和总结，人工智能在不同的应用行业领域需要特定的数据进行训练，而且这是必经之路。

人工智能领域有三大奠基人，分别是杰弗里·辛顿、延恩·勒昆与约书亚·本吉奥。其中杰弗里·辛顿是人工神经网络的突出贡献者。人工神经网络（Artificial Neural Network，ANN）模仿人脑神经网络搭建规则，神经网络学习的效率决定了神经网络的实用化、商业化。

IBM公司早在2014年就发布了新型芯片SyNAPSE，它使用28nm工艺技术，由54亿个晶体管组成的芯片构成，有4096个神经突触核心的片上网络，含有100万个神经元和2.56亿个突触，实时功耗仅为70mW，而人脑的功率为20W。科学家吴恩达曾基于全球各地的1万台服务器搭建出具有10亿个神经网络的大系统，后来他又搭建了有1000亿个神经网络的"百度大脑"。这些神经网络正在不断地学习网络上的各种视频、图片、文字信息。

深度学习（Deep Learning，DL）也是一种基于神经网络的技术，计算机通过由层叠信息层组成的人工神经网络自主模仿人类思维模式，它的特点是使用了多层网络，能够学习抽象概念，同时融入自我学习，而且收敛相对快速。

深度学习的应用包括识别语音、人脸及视频内容，商业智能（Business Intelligence，BI）、商业流程自动化，购买转化、商品推荐、定价精确营销、社交媒体营销，智能高频交易、辅助交易、智能投顾、机器人理财，针对电话营销、贷款审批、防信用卡欺诈，自动读片、自动和辅助诊断、个性化诊断、基因排序，外语学习、智能选题。通过机器学习，阿尔法狗的计算能力水平以指数速度增强，围棋的变化达10^{172}种，比所知宇宙中的原子数量还要多，而阿尔法狗通过对几千万张棋谱的学习、不停地跟自己和对手下棋，不断地纠错，变得非常厉害。大数据产业和技术基础提供机器学习的听、说、读、写、判断的标准，这也是人工智能的软件开发基础。

自然声音识别

自然声音识别包括对人的语言的识别和对周围环境声音的识别。其中，对人的语言的识别是当前的重要技术方向，包括语音识别、语义识别。要实现对人的语言的识别首先得听得懂人的语言，并且从有噪声背景的语言环境中抓取语音、分析语义。语音识别解决的是计算机"听不见"的问题，而语义识别解决的是"听不懂"的问题。

自然声音识别是服务型人工智能在人机交互界面的基础，从车载导航、遥控终端、手机终端到计算机终端等，自然声音识别也依赖于声音的数字化程度，如果人工智能的声音在数字化库中没有具体的匹配标签和学习工具，则识别程度很低。因此当前发展自然声音识别最重要的是声音的数据结构化。

自然语言表达

当前，人工智能语音合成技术相对成熟，每个人的声音与自己的遗传基因、身体健康状况、所处的环境差异都有关系，并且各不相同，声纹语种技术、声音合成技术可以通过对声纹的解析将每个人的语音语调的各项参数矢量化，人们只需要录入几段话，机器就可以衍生出这个人使用所有语种的发音。比较常见的是我们的手机导航软件或车载导航软件中的语音导航功能，它可以模仿很多明星的声音。

人工智能可以自主合成人的听力范围内甚至听力范围外的所有语音语调，机器发出声音已经是非常成熟的技术。自然语言处理技术在生活中的应用广泛，例如机器翻译、手写体和印刷体字符识别、语音识别后实现文字转换、信息检索、抽取与过滤、文本分类与聚类、舆情分析和观点挖掘等。它们分别应用了自然语言处理当中的语法分析、语义分析、篇章理解等技术，这些是人工智能界最前沿的研究领域。时至今日，AI在这些技术领域的识别准确率已从70%提高到90%以上，但只有当准确率提高到99%及以上时，我们才能认为自然语言处理的技术达到人类水平，这仍然是巨大的困难和挑战。目前，一些领域（例如机器翻译）的自然语言处理准确率已经超过90%，但要达到人类水平，仍然存在较大难度。

计算机视觉

有科学家称，大脑通过眼睛接收信息的速率上限为100Mbit/s，通过耳蜗接收信息的速率上限为1Mbit/s。简言之，在相同时间段，极限状态下视觉接收的信息量是听觉接收信息量的100倍。虽然人的眼睛每秒可以接收几十兆上百兆信息，相当于几十张图片或几十部长篇小说，但是实际上，能被我们注意到的信息量上限只相当于两三句话，经过特殊训练的人可以在"1小时内记住3000个随机数字""1小时记忆15副打乱顺序的扑克牌"。但是如果交给机器来做，那么机器记住的信息量会比这个量大得多。

机器视觉（Machine Vision，MV）和计算机视觉（Computer Vision，CV）通常容易被人们混淆，MV更注重广义图像信号（例如激光、摄像头）与自动化控制（生产线）方面的应用；CV则更注重（例如2D、3D）图像信号本身的研究以及与图像相关的交叉学科研究（例如医学图像分析、地图导航）。当前人工智能领域应用较多的是计算机视觉。

计算机视觉的应用场景很多，例如人脸识别、生物识别、物体识别、二维码识别、条形码识别等。对于视觉算法来说，识别过程大致可以分为5个步骤：特征感知、图像预处理、特征提取、特征筛选、推理预测与识别。计算机视觉里经常使用卷积神经网络（Convolutional Neural Network，CNN），它是一种对人脑比较精准的模拟。作为人工智能的子领域，其发展和应用在很大程度上受到人工智能核心技术的影响。未来，作为人工智能子领域的计算机视觉领域，其产业规模也会相应扩大。

人工智能输出信息

人工智能不仅需要信息输入，通过算法和机器学习进行推理和改进，而且要表达出结果，结果输出的样式多种多样，可以是语音、图像、文字、甚至是脑电波信息，但是要表达的是同一个意思，这就比听、说、读要复杂得多。

机器人写稿始于2014年，当时《洛杉矶时报》就利用人工智能技术报道新闻。随后，美联社与提供自动化写作服务的Automated Insights公司展开合作，让机器人读取财报，然后按照编辑预先设定的框架，自动生成偏向于数据分析的财经新闻。具体而言，机器人写稿的成品是人类智慧、人工智能和数据三者的结合。先由相关人员创造出一个非常详细的新闻模板，例如刑事案件、医疗和失业率等不同话题，然后由机器人根据具体数字和事实来填空，这样的模式已经被使用了好几年。

2016年，清华大学语音和语言技术研究中心宣布，其作诗机器人"薇薇"经过中国社会科学院的唐诗专家评定，通过了"图灵测试"。2017年5月，微软机器人"小冰"在北京发布了她"个人"的第一部原创诗集——《阳光失了玻璃窗》，连书名也是"小冰"自己起的，这是"100%由人工智能创作的诗集"。

人工智能的制造能力

马克思认为人与动物的最根本区别是人能创造并使用工具从事生产劳动。制造能力也是人工智能的能力之一。机器人生产机器在数控机床领域、汽车生产车间发展得更早。当前，世界主流汽车厂商已采用机器人生产工艺，但还是需要人类完成数据输入。人工智能时代将不需要人类输入工艺流程和调测坐标信息，而是人工智能设备自己根据传感设备传递的数据进行计算，自行制造产品，例如通过人工智能生产人工智能、用机器人生产机器人等。

人工智能的伦理、意识与情感

意识与情感是人的高级能力，如果人工智能只是生硬、冷冰冰的机器，就无法从根本上融入人类生活，虽然人类通过人工智能提高了生产力，这使人们从体力劳动、脑力劳动中解放出来，但是人的情感也是一种社会需求，需要得到满足。人工智能应拥有一定对人类有益的意识与情感，能够成为人类的朋友，而不是走向人类的对立面。科幻作家艾萨克·阿西莫夫提出了"机器人学三大法则"：第一法则为机器人不得伤害人类个体，或者目睹人类个体即将遭受危险却袖手旁观；第二法则为机器人必须服从人类下达的命令，当该命令与第一法则冲突时例外；第三法则为机器人在不违反第一法则、第二法则的情况下要尽可能保护自己。当前，我们对人工智能的担忧是出于人类对于安全的需求，如果超级人工智能产生自主统治意识，想要控制人类，那么人类在发明出超级人工智能之前，应该通过所有的渠道销毁所有关于强权、统治与被统治的文明痕迹，但这是不现实的。人类从采集经济社会发展到数字经济社会，资源和生产力有限必然存在权力的差异、统治与被统治的差异，在超级人工智能时代可能也会有同样结局，因此，人工智能相关的伦理规则、法律成熟度决定了人工智能的开发和应用前景。

人工智能的安全、模块化

所有人工智能所具备的能力也都是人类的能力，因为再先进的人工智能也是由人来创造的，人类应该为人工智能留一些安全控件。所有的人工智能的技术都可以模块化，在所有的社会环境中，有的技术已经成熟，有的也许还在探索，但是这些技术都渗透到人类的生活、工作环境中，只是表现形式是单独的或是其集合而合的。

这种模块化使人类可以通过多种途径控制人工智能，使其不会走向人类的对立面，也就是打造人工智能的安全系统。与信息化社会的网络安全、信息安全系统进行类比，网络与信息提高了生产效率，改变了人们的生产生活方式，但是人们又对网络和信息充满了依赖。在信息化社会如果网络瘫痪了，人们的大部分生产生活方式也将退回到早期的工业经济时代，但是好在人类具备重建能力，可以让生产生活迅速恢复。当人类进入人工智能时代，越来越依赖机器人时，人类必须自我约束，让自己具备重建人工智能的能力，即人们应分别掌握一些控制人工智能的技术，与人工智能进行天然的切割，而不是让人工智能掌握一切。

各行业人工智能本地终端

我们谈到人工智能时，浮现在脑海里的总是科幻电影里的仿人形机器人，其实它只是人工智能的一种"终端"、一种容器、一种展现形式，就像现在的智能手机是移动通信终端。人工智能真正的应用系统在云端，而终端可以是仿人形机器人、各行业专用设备的嵌入式人工智能技术应用、手机、平板电脑、笔记本电脑、台式计算机、服务器、自助终端等。各大公司在人工智能领域开展了深入探索，提供了广泛的人工智能服务的接口，使各种网络平台和产品都可以采用方便快捷的方式实现人工智能服务。

从可以跟你聊天的微软机器人"小冰"到能帮你开电视的智能音箱，从机器翻译到智能教育，从刷脸支付到无人驾驶，从可穿戴设备到智能医疗……人工智能已经全面走入人类的生活，广泛渗透在生产和生活的各个领域，并不断刷新人们的想象。但是，当前有些人工智能还远远不够成熟，笔者也试过与微软机器人"小冰"进行对话，其逻辑思维水平和对聊天者的语义把握能力远远达不到6岁儿童的水平。

人工智能代替人类工作时，虽然人工智能终端的展现形式各有不同，但其往往是前端与物联网终端相结合的应用，例如摄像头、扫描仪、温湿度传感器、距离感应器、语音传感器等。物联网终端结合面部识别技术实现刷脸打卡、刷脸取件、刷脸支付、刷脸进站、刷脸进门等应用，最终通过人工智能终端展现具体的数据分析、智能判断和自主决策应用结果。人工智能嵌入人类生产生活各个方面的时代并不会太远。

仿人形机器人

模仿人的形态和行为而设计制造的机器人就是仿人形机器人，它一般分别或同时具有与人类似的四肢和头部。仿人形机器人研究集人工智能、机械、电子、计算机、材料、传感器、控制技术等多门科学于一体，反映专用人工智能的发展程度。从机器人技术和人工智能的研究现状来看，要完全实现高智能、高灵活性的仿人形机器人还有很长的路要走，而且，人类对自身也没有彻底地了解，这些因素都限制了仿人形机器人的发展。

仿人形机器人是各种人工智能技术的集合体，集成的技术越多，其功能越丰富，其四肢灵活程度、系统算法、计算机视觉水平具有通用性，未来的机器人虽然展现形式各异，但是仿人形机器人具有其他各类终端型机器人所不具有的通用能力，且规模经济、技术标准易于统一，代表着未来通用人工智能展现形式的重要方向。

与实体经济深度融合的专用人工智能技术体系

当前，学术界对人工智能的总体分类大致有两种观点：一种是基于学科分类的观点，例如将人工智能学科分为人工智能理论、自然语言处理、机器翻译、模式识别、计算机感知、计算机神经网络、知识工程、人工智能其他学科等；另一种是基于核心技术分类，将计算机视觉、机器学习、自然语言处理、机器人和语音识别视为人工智能的五大核心技术。当前，这两种分类方法在学术领域应用广泛，但是在技术与经济融合的渐进性上不能完全适用。按照上述分类，大部分技术仍处在研究阶段，且适用于通用人工智能阶段，也就是跳过了专用人工智能阶段，导致不能与市场需求深度融合。

专用人工智能对经济社会发展具有重要意义。经过60多年的演进，特别是在移动互联网、大数据、超级计算、传感网、脑科学等新理论新技术及经济社会发展强烈需求的共同驱动下，人工智能加速发展，呈现深度学习、跨界融合、人机协同、群智开放、自主操控等新特征。大数据驱动知识学习、跨媒体协同处理、人机协同增强智能、群体集成智能、自主智能系统成为人工智能的发展重点，尤其是大数据技术为机器学习提供了技术底层支持，加速人工智能的发展。

新一代人工智能具有5个特点：一是从人工知识表达到大数据驱动的知识学习技术；二是从分类型处理的多媒体数据转向跨媒体的认知、学习、推理，这里讲的"媒体"不是新闻媒体，而是界面或者环境；三是从追求智能机器到高水平的人机、脑机相互协同和融合；四是从聚焦个体智能到基于互联网和大数据的群体智能，它可以把很多人的智能集聚融合起来变成群体智能；五是从拟人化的机器人转向更加广阔的智能自主系统，例如智能工厂、智能无人机系统等。新一代人工智能的特点可以总结为：以互联网、大数据为代表的数字经济为基础，更高级的群体智能形态；与各行各业实体经济紧密相关，特别是制造业；提升各行业的作业效率、产出新一代人工智能。新一代人工智能强调多领域、界面或者环境的融合，不仅局限在某个数据范围内，而且是可以主动在多个界面学习的，使用范围是可以拓展的。

人工智能技术对比人类智能可以划分为十大与实体经济融合的领域。人工智能的十大与实体经济融合的领域如图8-1所示。

图8-1　人工智能的十大与实体经济融合的领域

语言识别技术与实体经济融合领域

语言识别是机器人与人类通过声音交互的前提，包括识别语言种类、处理口音、背景噪声、区分同音异形/异义词，其典型应用领域有医疗听写、语音书写、电脑系统声控、电话客服等。语言识别核心技术是隐马尔科夫模型（Hidden Markov Model，HMM）。

$$P\left(q_t{=}S_j \mid q_{t\text{-}1}{=}S_i\right){=}a_{i,\,j}, 1{\leqslant}i,\,j{\leqslant}N$$

此公式表示在t–1时刻，状态为S_i的条件下，在t时刻是S_j的概率为$a_{i,\,j}$。考虑独立于时间t的随机过程，其中状态转移概率$a_{i,\,j}$必须满足$a_{i,\,j}{\geqslant}0$，且

$$\sum_{j=1}^{N} a_{i,\,j} = 1$$

我们可以从观察的参数中确定该过程的隐含参数。

语言识别技术与实体经济融合的领域包括以下4个。

• **提升各类电子设备的附加值。**嵌入式自然语言处理技术可使各类电子设备具备自然语言控制、简单对话功能，增加国内产品出口竞争力，例如智能终端、白色家电（替代人们家务劳动的电器产品）、导航设备等。

• **提升各类产品与服务在线响应感知。**自然语言处理技术和预设的逻辑导引可以实现"7×24"小时的在线电商服务，实现智能问答型自动客服，可被广泛应用于运营商客服、电商客服、地产营销客服等各类客户服务系统。

- **各类现场服务机器人。**现场服务机器人最重要的就是人机交互，要能准确理解现场客户的需求，这方面的应用领域非常广泛，涉及大部分的服务行业，典型应用场景有酒店、餐饮、娱乐等服务场所。

- **其他领域。**语言识别技术还可以用于身份认证、保密管理、金融远程登录密码和声纹双保险、军事领域的声纹识别侦听模块等。

语言表达技术与实体经济融合领域

语言表达与自然语言识别是机器人技术的一个需求的两个方面，自然语言识别在本质上是声纹处理技术，语言表达依靠的是语言合成技术，但在情感、情绪的理解上还需要结合人工智能的情绪感知技术，包括在提高合成语音的自然度、丰富合成语音的表现力、降低语音合成技术的复杂度、多语种语音合成等方面，算法还有待改进。

- **各类声音播报的商业场景。**声音模仿技术可以模仿任何声音纹理，例如，2018年世界首部利用人工智能模拟人声的纪录片《创新中国》在CCTV-9纪录频道播出，纪录片解说全程运用人工智能配音，"重现"已故配音师李易的声音；地图导航系统可以模仿任意明星的声纹进行全程播报，播报人只需要录制一段声音，人工智能技术就可以实现大段文本的仿人声自动播报，这几乎适用于所有声音播报的商业场景。

- **服务机器人领域。**服务机器人的语言表达能力高低决定了机器人能否与人顺畅交互、是否具有亲和力、语言表达是否自然。语言表达技术在服务机器人领域应用广泛。服务机器人体现的是人工智能的第二个发展阶段——通用人工智能。

语义理解技术与实体经济融合领域

语义理解本质上就是文本理解技术，它是声音识别的输出，同时也是语言表达、逻辑推理、深度学习、行为技术的分析输入。文本就是数据，数据就是符号。数据本身没有任何意义，只有被赋予含义的数据才能够被使用，这时数据就转化成信息，而数据的含义就是语义。语义理解技术分为词汇级、句子级、篇章级3个方向，该行业需要大量的机器学习素材，因此大型企业往往采用开源的形式发布相关技术模块，例如，谷歌发布了解析器SyntaxNet、科大讯飞发布了讯飞开放平台。

- **手机终端**。手机终端在数字经济时代是移动互联网的载体，在人工智能时代是人类活动的助理机器人；移动互联网流量在整个互联网中的占比在2018—2019年超过60%；2018年之后，AI智能终端的出货量占比逐年增加。

- **大型会议记录、翻译**。在传统会议组织形式上，速记、同声传译是必不可少的，随着语音识别技术的开发，当前语音同声转文字服务、机器人自动转译技术已经接近成熟，商用化翻译产品于2016年推出市场。

- **大数据行业应用**。大数据分为结构化数据和非结构化数据，当前结构化数据可以通过成熟的数据分析工具解决，但是非结构化数据一直是难点，根本原因是语义理解问题。举例来说，如果语义理解技术发展到成熟阶段，人工智能文本语义理解技术可以根据一个自有命题从互联网网页、电子书中搜集数据形成新的高水平、浓缩人类所有数字世界智慧成果的著作，那时，非结构化数据的应用将实现质的飞跃。

视觉技术与实体经济融合领域

视觉技术在人工智能领域的应用主要有图像识别、计算机视觉、机器视觉，三者概念称谓不同，但非常类似，应用场景稍有不同。虽然机器视觉在工业领域被广泛提及，但是其应用的技术包括计算机视觉和图像处理等技术。图像识别主要被应用在图像采集终端，例如人脸识别摄像头。计算机视觉主要应用于动态图像分析和静态图像分析，从这个角度来说，计算机视觉是人工智能视觉技术的基础元素。

相对其他技术领域，视觉技术是当前人工智能技术发展比较成熟、技术发展较快、市场需求量较大的领域，例如人脸识别技术，在光线好的情况下，正面人脸识别机器的准确率达99.99%。人脸识别在公安、物业安保、银行、证券、金融社保、交通、教育、电子商务、高考、机场、地铁等场景应用广泛，目前人脸识别技术可以做到"戴着口罩和头盔只拍到面部轮廓和半个面部也能识别的程度"。

视觉技术的另一个巨大市场是医疗领域，以肺结节检测为例，一家三甲医院平均每天接待200位左右的肺结节筛查患者，每位患者在检查环节会产生200～300张CT影像，放射科医生每天至少需要查看4万张CT影像，任务繁重。开发医疗行业图像识别技术可以推动医疗行业专用设备的发展，如果图像识别技术能在社会基层医疗机构普及，将加速分级诊疗、促进医疗资源公平。

图像绘制技术与实体经济融合领域

图像绘制就是利用人工智能技术开展图像创作，人工智能技术在与设计相关的领域应用广泛，包括工程图纸设计、工业设计、工艺品、包装设计等，可大幅减少设计人员的工作量，提升工作效率，提高准确度。

图像绘制是将数字世界与物理世界进行对称，图像由物理世界输入数字世界，或者通过纸张、3D打印将数字世界展现在物理世界，这个过程中人工智能技术可以替代人的部分或全部劳动量。图像绘制不仅仅是绘制图像，它在精密IC电路板制造、外科手术领域也有较好的应用前景。

3D打印从本质上来说属于人工智能图像绘制的升级版，当前通过机器学习、人工智能技术可以绘制出各种风格的美术作品，也可以绘制出各种立体雕塑，实现从二维到三维的升级。

机器人行为技术与实体经济融合领域

机器人行为技术是一切未来实现行动型通用人工智能、超级人工智能的前提，按应用范围大致分为工业机器人、矿业机器人、建筑机器人、交通机器人、服务机器人、应急救灾机器人、军用机器人等。

工业机器人最先在汽车行业普及，现在正在向家电制造行业、医药制造行业、物流行业普及。劳动力成本不断上升催生了"机器换人"需求。工业机器人加入机器视觉技术后可成为通用机器人，可以不用更改生产线机器臂轨迹参数，从而实现自主流水线生产。

我国物流行业已经实现从港口、仓库到快递派送的无人化（结合远程控制），例如，上海市洋山港、山东省青岛港的全自动化港口，大型物流公司已经基本普及AGV搬运机器人，某大型电商公司已在北京市试点使用无人派送小车。

交通机器人分为无人驾驶客运专用车和物流专用车两大类。客运专用车是以无人驾驶小汽车为主，无人驾驶将带来整个交通、物流产业的飞跃式发展。

总之，人工智能技术带来的行业产值将有力支撑我国人工智能产业实现三步走的目标，有效解决人口老龄化、人工成本上升带来的产业劳动力缺乏的问题，实现由人口红利向机器人红利的转变。

触觉感知技术与实体经济融合领域

触觉可以感知相对位置、力度、温度、幅度等人手要做的精细事务，相对于行为技术，人工智能触觉感知技术可以应用在身体感知需要比较细腻的领域。

• **医疗行业应用。**医生要做虚拟手术，实现远程医疗，服务机器人就必须有触觉感知功能。人造皮肤传感技术已在实验室实现，是未来服务机器人的皮肤雏形。

• **陪护行业应用。**随着我国老龄化人口的增加，养老、康复照料问题是社会面临的共同难题，康复人工成本逐年上升，陪护机器人的市场空间增大，其功能需求包括服务、安全监护、人机交互及多媒体娱乐等。

推理技术与实体经济融合领域

推理技术包括常识推理、计算推理、逻辑推理、伦理推理。

• 常识推理是指机器在没有任何学习背景的情况下进行常识的推理。对于对话机器人来说，推理是实现智能对话的技术基础，几乎所有的对话型智能应用都要使用这项技术。当前这项技术还远不够成熟，谷歌、苹果、微软、百度、科大讯飞的对话型机器人都在朝这个目标努力，以期具备基本的推理能力，学习相关的计算能力、逻辑能力，而阿尔法狗就是这个层次的典型应用。

• 推理技术根据具体领域的标准化规则可以在专用人工智能领域发挥极致作用，将若干推理技术叠加在一起就能为未来的通用人工智能打下基础。未来可以实现软件开发的人工智能化，即由人工智能开发软件，而不是由代码工程师一行一行敲代码，这对于我国软件产业来说，无异于再造一个软件产业，而软件工程师的主要工作将变成开发人工智能自动开发软件，更多的是从事细化需求、软件测试与优化、开发人工智能程序、解决软件"孤岛问题"等方面。

- 推理技术还有一个重要的应用领域就是人工智能操作系统，与数字经济时代类似，人工智能也需要有统一、开源的操作系统来承载专用人工智能，使各种人工智能软件在一个开放的架构下实现相互调用。与当前的Windows、安卓、iOS系统不同，人工智能操作系统本身就具有自我迭代、自我完善的能力，未来的人工智能操作系统也必然是采用云化的年费服务形式，而不再是像Windows系统那样每出一个新版本都要重新购买。

情绪感知技术与实体经济融合领域

情绪感知技术是通用型服务机器人的基础，包括识别情绪和表达情绪两个方向。众所周知，人们对幸福生活的追求不仅仅是物质上的，还有精神上的。情绪感知技术让机器人增加了与人的互动，让人们对机器人产生亲切感，人工智能应用产品不仅是人类劳动的替代者，更是人类的伙伴。人工智能情绪识别能力的作用极大，在医疗领域、服务领域甚至审讯领域都能发挥作用。

机器学习技术与实体经济融合领域

机器学习是人工智能技术体系的一个通用环节，机器学习使用归纳、综合的方法，运用数据导入算法实现模仿人类智能。学习方式主要分为有数据学习与无数据学习。有数据学习广受欢迎，包括"监督学习""无监督学习""半监督学习""深度学习""迁移学习"等，而无数据学习主要为"强化学习"。有数据学习的典型应用为深度学习，深度学习包括深度神经网络、卷积神经网络、循环神经网络、长短期记忆网络等。

数字技术发展越好、标准化数据量越大的领域，人工智能的发展往往越迅速，这说明机器的学习能力不是人训练的结果，而是数字经济发展到一定阶段顺其自然的结果。从使用场景上来说，有数据学习适用于规则活动领域的人工智能，语言识别技术、语言表达技术、情绪感知技术等9种人工智能技术体系基本都是有数据学习，是经验、控制使然；无数据学习适用于创新、无定论的领域，例如棋类竞赛、新药探索、艺术创作等，是创新、自由使然。

综上所述，当前我国发展机器学习领域需要从数字技术发展基础好、标准化数据量大的相关实体经济领域入手，例如人口管理、交通、医疗、教育、数控制造等领域。

专用人工智能的"3+1"体系与产业链

专用人工智能的"3+1"体系

经典的人工智能技术体系过于庞大，因此需要重新搭建，正如日本机器人学会会长川村贞夫所说："构建系统整合理论是机器人学极为重要的标志性突破。"人工智能可以分为3个层次：知识模块、学习模块、控制模块。3个层次对应现在行业里普遍达成共识的人工智能的"三驾马车"：数据、算法、算力，缺一不可。另外，未来的所有人工智能技术都是基于信息分享和信息互通的，人工智能与人工智能之间也需要互联，例如无人驾驶汽车。未来城市中无人驾驶的汽车之间必须通过互联互通来统一系统调度，才能真正达到优化交通出行的目的，即数据、算法、算力及互联互通，一起构成人工智能的"3+1"体系。人工智能的"3+1"体系如图8-2所示。

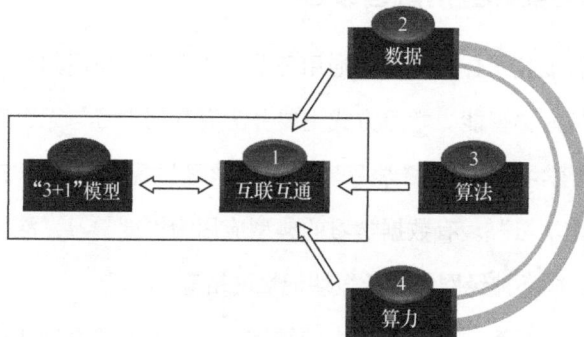

图8-2 人工智能的"3+1"体系

很多人工智能算法基于图形处理器（Graphics Processing Unit，GPU），尤其是深度学习算法实现了更快的处理速度，计算时间实现了数量级的缩减。目前，人工智能应用最为广泛的是在人脸识别领域。人脸识别引入人工智能技术后，识别率大幅提升，其中核心突破是在算法层面。在人脸识别中，人工智能能够实现99.8%的识别正确率，超过人类95%的识别率，这意味着人工智能识别的大规模商业应用具备了价值基础。

人工智能产业链：人工智能应用体系的基础保障

1. 全球人工智能市场规模分析

德勤公司预测，2025年世界人工智能市场规模将超过6万亿美元，2017—2025年复合增长率达30%。智能经济占GDP的比重也在逐步上升，目前这部分被融合到数字经济中统计。发达国家工业经济占GDP的比重在1990年左右达到顶峰，如果把服务业的工业配套服务也计入工业经济，则比重达80%以上；发达国家数字经济的比重还没有达到顶峰，预计在2030年左右到来，那时数字经济的比重会达70%以上；而发达国家智能经济的比重预计会在2050年左右达到顶峰，比重会达50%以上，那时发达国家的技术经济比重会呈现出以下图景：采集经济比重在5%以下，渔猎经济比重在1%以下，工业经济比重在14%以下，数字经济比重在30%左右，智能经济比重会达50%以上。

2. 产业链上游：代表人工智能最高的科技含量

进入数字经济时代与智能经济时代交叉过渡期，风投盛行，科技将更加金融化，科技独角兽企业的科技产品迭代速度加快，我们现在普遍使用的基于"+"和"−"原理的计算机芯片在人工智能时代将不再适用，而能够快速迭代出AI芯片的厂家则能够更胜一筹。产业链上游包括AI芯片、AI服务器、AI算力服务（例如超算服务）、AI数据中心。人工智能的云服务是产业链上游的重要方向，谷歌、微软、脸书、亚马逊等企业都在大力开发人工智能的云服务，积累大量的算力资源，期望成为智能时代的计算平台"霸主"。国内的中科曙光、浪潮信息等企业也在这方面发力。

算力是人工智能的基础资源，以单系统的围棋比赛为例，围棋的变化可达10^{172}种，比已知宇宙中的原子数量还要多，当用智能手机在单机版围棋游戏中下围棋时，拥有4～8核CPU的人工智能即可胜出，但是要打败人类最强的棋手，则需要较大的算力，因此阿尔法狗下一盘棋需要动用1000个CPU和200个GPU，每分钟的电费就高达300美元，而网络规模只有人脑的千分之一。随着AI芯片的开发、量子计算机的未来商用化，这一数据和能耗可能会大幅减少，一颗安装在机器中的AI芯片就可以代替网络端的这些算力。未来5～10年对云服务器、智能终端及智能机器人的核心处理器芯片的需求量巨大，改善人工智能芯片的应用方式的重点是要建立开源的生态系统。若没有相应的软件支持系统与生态系统，智能终端设备的开发者则无法有效地应用人工智能芯片。

3. 产业链中游：代表人工智能应用的垂直行业

国内当前致力于人工智能的相关领域与典型厂家如下（示例）。

- AI芯片开发：寒武纪、耐能（Kneron）、地平线、云知声、深鉴科技。
- AI机器学习、人工智能开源平台：百度大脑、科大讯飞开放平台。
- 人工智能服务器硬件、算力服务：中科曙光、浪潮信息。
- 工业机器人与智能工厂：美的（KUKA）、新松机器人、拓斯达、新时达、广州数控、埃夫特、埃斯顿、佳士科技、三丰智能、博实股份、三丰智能。
- 自然语言、语音识别：科大讯飞、歌尔股份。
- 计算机视觉、视频监控和视频大数据：商汤科技、海康威视、旷视科技、大华股份。
- 无人驾驶领域：百度、德赛西威。
- 服务机器人：科大讯飞、神思电子。
- 医疗方向人工智能与自动化：健培科技、思创医惠、博实股份。
- 智慧家居：和而泰、智慧云谷。

4. 产业链下游：代表人工智能丰富多彩的展现形式

产业链下游工厂针对不同的工业产品生产线采用不同的智能技术与场景解决方案。另外，还有大部分小型的人工智能、机器人企业没有自主的核心技术，主要依靠现有开源技术、平台技术进行硬件整合，其发展受限于开源技术，属于生态参与者角色。

当前国内人工智能属于初创期，人工智能芯片制造、行业化应用开发企业如雨后春笋般成立，但是人工智能技术当前仍不成熟，技术门槛较高，因此当前商业化应用主要以结合"工业4.0"的工业机器人、制造业生产自动化领域为主。预计这种状况未来5年内变化不大，但是5年后随着上游企业技术的不断迭代成熟，会有较大改变。

　　基于科大讯飞、百度的开放平台，众多小型科技企业开发了很多消费类机器人产品，这些下游厂家不需要投入大量的技术研发资金，而是基于开放平台上的技术模块进行整合，这一方面使人工智能平民化、大众化，初步走入社会生活，另一方面也为开放平台提供了大量的机器学习数据。

　　以互联网为代表的信息化强调的是"开放、平等、协作、快速、分享"，人工智能社会必然比信息化社会更强调开放、协作、分享，更加强调互联互通。

　　人工智能互联形成的智联网会提升专用人工智能的发展速度，是数字经济之后的阶段——智能经济的基础设施。

通用人工智能的概念和必要性

　　人工智能技术在不同行业应用的深度和成熟度取决于该行业在数字化、互联网及物联网、数字孪生及专用人工智能的发展程度。人脸识别技术基本成熟，在身份认证、公共安全、移动支付、公共交通等场景已经基本普及开来，这些是专用人工智能最成熟的应用领域。医疗影像识别技术，CT、MRI、胸透等医疗影像可以交给机器人医生识别细微的病灶，目前识别水平已经超过经验丰富的主任医师。在行为机器人领域，工业机器人是最成熟的行为机器人，在汽车制造业领域的应用最为广泛。2014年，德国库卡公司发明了一款会打乒乓球的机器人，它是工业机器人的代表作，工业机器人可以实现物品搬运、生产线上的零部件组装。无人驾驶领域已经实现L4级别，汽车可以取代人类驾驶员进行常规路段的自动驾驶。语音识别技术已经用于翻译笔，适用于几十种语言，此技术既然能用在翻译笔上则也能够用于其他需要语音识别的领域，各种智能音箱就是典型案例。以此类推，人工智能技术还可以应用在很多行业。专用人工智能到通用人工智能的聚合示意如图8-3所示。

　　随着各行业在不同领域深度拓展人工智能技术，不同领域的人工智能技术必将出现整合趋势，这种整合是产品升级换代、提高产品附加值、提高产品功能经济的必然结果。通用人工智能一般包含3种以上技术，例如酒店前台接待型服务机器人就具备自然语言处理、语言表达、语义理解等人工智能技术。

图8-3 专用人工智能到通用人工智能的聚合示意

具体应用领域的专用人工智能技术来自该领域在工业经济和数字经济两个阶段的发展，以仿生机器手为例，它从工业自动化而来，到了数字经济时代，增加了工业互联网功能，然后在专用人工智能阶段，它已经可以应用于汽车流水线、零配件装配生产线、医疗药品制造生产线。而在仿生机器腿领域，波士顿动力公司实现了全球领先，波士顿动力公司的Atlas机器人已经可以完成体操运动员的前空翻和后空翻动作。将多种人工智能技术整合在一起的就是通用机器人。从专用人工智能到通用人工智能示意如图8-4所示。

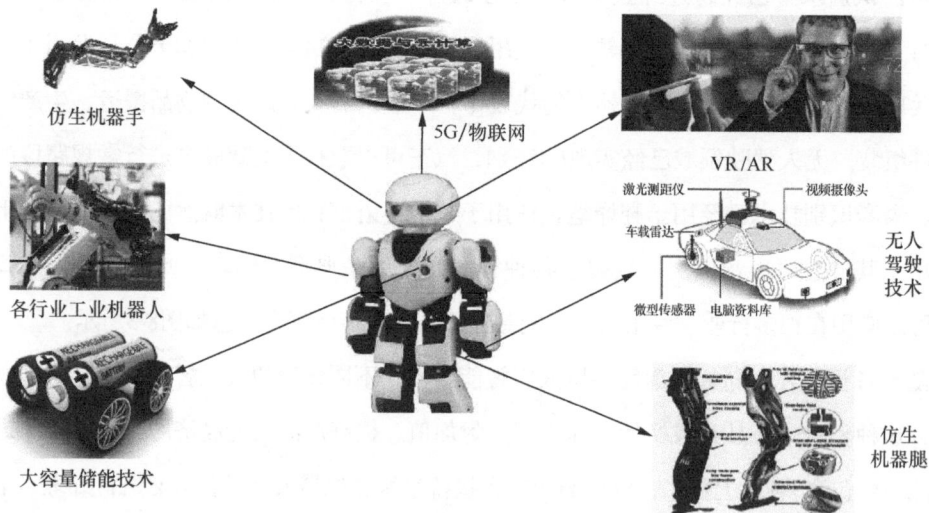

图8-4 从专用人工智能到通用人工智能示意

通用人工智能领先发展的领域预测

通用人工智能（Artificial General Intelligence，AGI）在"百度百科"或"维基百科"中均有相关的简短描述。例如维基百科的定义为：通用人工智能就是一个机器系统，能够完成一个人所有的智能行为。通用人工智能学者认为人类先掌握了符号才掌握了感知技能，实际上并非如此，从一开始，人感知信息就是含义的，不是符号的，过去人们研究人工智能仅仅是站在仿生学的角度去分析，并没有站在技术经济演进的角度，未能从数字经济中发掘智能经济的萌芽。

相对于专用人工智能而言，通用人工智能是智能经济发展到中期后出现的现象级创新。随着专用人工智能在各行业的普及，各行业之间开始融合创新，人们将不同专业领域、不同场景的机器人功能整合在一起，使人工智能产品更有差异化和新颖性，从而增加其产品附加值。

2030年之前通用人工智能会在哪些行业率先兴起呢？通用人工智能领先发展的领域预测如图8-5所示。

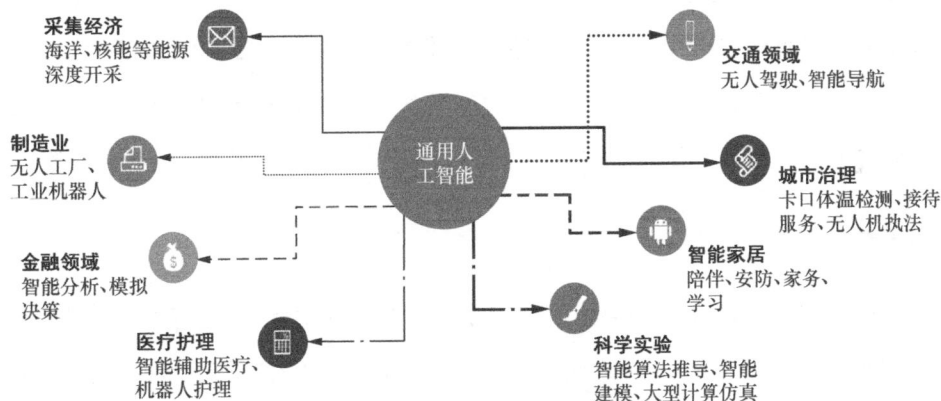

采集经济
海洋、核能等能源深度开采

制造业
无人工厂、工业机器人

金融领域
智能分析、模拟决策

医疗护理
智能辅助医疗、机器人护理

通用人工智能

交通领域
无人驾驶、智能导航

城市治理
卡口体温检测、接待服务、无人机执法

智能家居
陪伴、安防、家务、学习

科学实验
智能算法推导、智能建模、大型计算仿真

图8-5　通用人工智能领先发展的领域预测

农业机器人

作为我国较早研发农业机器人技术的中国农业大学，其开发研制出的黄瓜采摘机器人采用多个传感器相互进行信息交流，已经能够成功地将黄瓜嫁接生产，解决了诸如蔬菜幼苗易折损、生长不一致和幼苗枯黄等难题。同时，此项技术还可以运用到西瓜、甜瓜的嫁接工作上，中国农业大学已经成功拥有了自动化蔬菜嫁接技术的知识产权。在此之后，我国其他农业高校和科研院所也相继针对农业机器人技术开展了深入的研究。大棚种植、标准化的畜牧养殖车间是未来农业机器人大展拳脚之地。农业机器人的研究与应用已经成为我国未来重点规划并着力实施的方向之一。

金融智能投顾

人工智能目前在金融投资领域和服务领域的应用较多。在金融投资领域，人工智能有智能投顾、反欺诈、投资预测等方向的应用。在服务领域，人工智能有身份识别和智能客服等方向的应用。人工智能技术与金融投资和服务领域相结合，助力金融投资与服务的标准化、模型化、智能化，升级优化了金融业现有的服务模式，最大限度地保障了消费者的收益，减少了金融风险事件的发生，同时降低了人工投入成本，提高了工作效率。

医用机器人

我国医疗领域机器人应用逐渐在各诊疗阶段得到普及，医用机器人尤其是手术机器人，已经成为机器人领域的"高需求产品"。在传统手术中，医生需要长时间手持手术工具并保持高度紧张状态，手术机器人的广泛使用对医疗技术有了极大的提升。手术机器人的视野更加开阔，手术操作更加精准，有利于患者伤口愈合、减小创伤面和失血量、减轻疼痛等。

无人配送

新冠肺炎疫情发生以来，少接触、不聚集得到倡导。在此背景下，很多人采购生活物资的渠道也从线下转移到线上，这在一定程度上增加了快递配送的需求。为了尽可能地减少人与人之间的接触，不少物流、电商企业纷纷采用零接触的"无人配送"服务方式。2020年新冠肺炎疫情期间，京东无人配送车首次在开放道路上进行配送，并精准地将快件送达武汉市第九医院；顺丰无人机载着3.3千克的医疗防疫物资降落在武汉市金银潭医院，完成了无人机首次配送；美团升级"无接触配送"，开始在北京市顺义区多个社区使用无人配送车为居民送菜，"无人配送"降低了病毒人际传播的可能性，成为阻断疫情传播的重要帮手。

第九章

基于技术经济演进论的
宏观政策建议

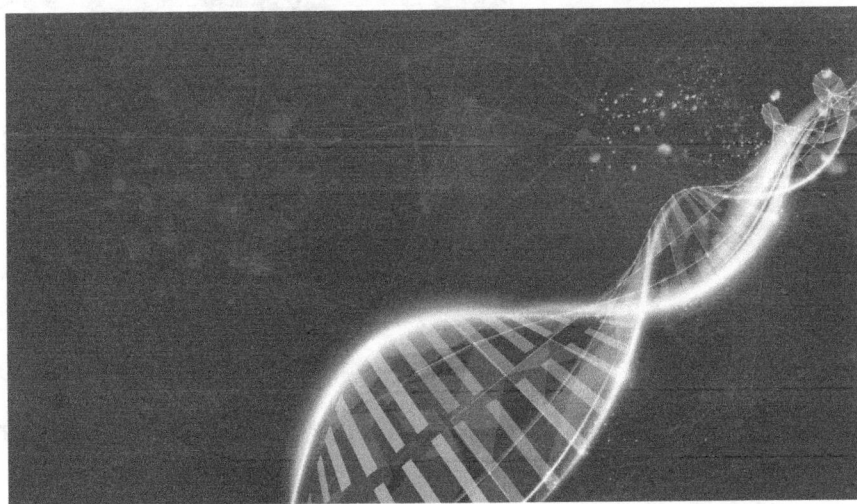

概述

第一次工业革命以来，自然科学领域的进步推动了社会的发展，科学的发展与技术经济的演进产生了一个时间差，正是这个时间差，让我们看到未来技术的发展趋势。结合对过去的总结，我们可以看到当前及未来社会技术经济的发展规律。从国家层面来说，我们分析整个技术经济的发展阶段与演进规律，就可以基于当前国情，制定与当前、未来经济发展趋势相匹配的宏观政策，就可以少走弯路，将"熵"降到最低。基于技术经济演进论的宏观政策制定思路如图9-1所示。

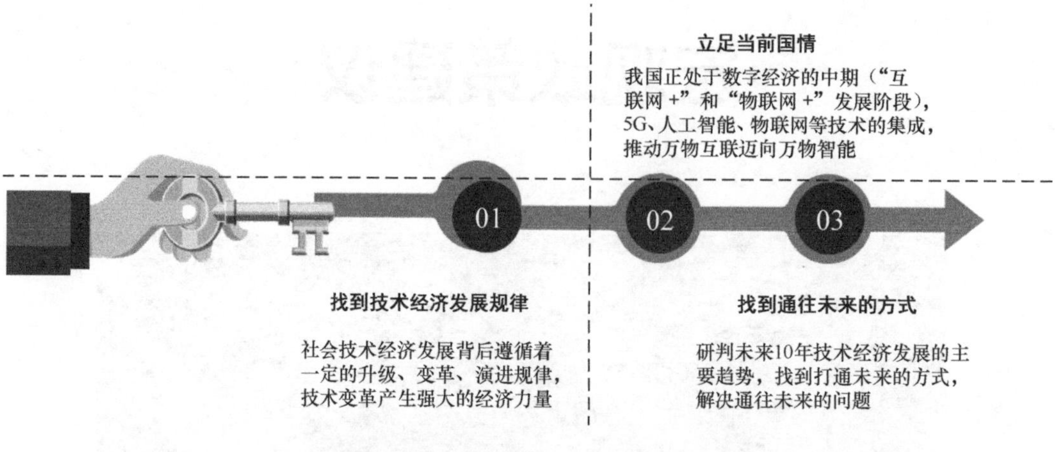

立足当前国情

我国正处于数字经济的中期（"互联网+"和"物联网+"发展阶段），5G、人工智能、物联网等技术的集成，推动万物互联迈向万物智能

找到技术经济发展规律

社会技术经济发展背后遵循着一定的升级、变革、演进规律，技术变革产生强大的经济力量

找到通往未来的方式

研判未来10年技术经济发展的主要趋势，找到打通未来的方式，解决通往未来的问题

图9-1　基于技术经济演进论的宏观政策制定思路

演进式创新是预知整个技术经济的发展路线。由于科学与技术经济的发展时间差，不同国家之间、不同地区之间、不同行业或同一行业的发展顺序不同，所以技术经济的发展有最佳轨迹可循，这个最佳轨迹再配套法律、制度、政策和推进策略，就能实现加快发展进程的作用。

社会技术经济发展背后应遵循一定的发展规律，技术变革产生强大的经济力量。找到技术经济的演进规律，我们就可以找到技术创新的规律，加快关键技术创新和核心技术创新。

基于经济形态演进理论，在采集经济、渔猎经济、农业经济、工业经济、数字经济、智能经济的6个阶段中，目前，发达国家正处于数字经济的后期，我国正处于数字经济的中期（"互联网+"和"物联网+"发展阶段）。

我国各行业经济发展路径各异，数字经济发展程度在不同产业、不同地区之间各有不同，存在创新的巨大潜力。

产业发展维度

我国农业经济智能化演进潜力巨大。截至2020年年底，我国依然有5亿多农村人口。我们关注农业不能仅仅关注18亿亩耕地，还要关注与农业配套的粮食深加工、果品深加工、大棚蔬菜、畜牧业深加工、农产品销售与物流、农业机械制造和检修产业，在城市与乡村之间要有更多的配套产业吸收农业人口，使农业人口转化为工业人口，让他们掌握更多的经营、现代生产、产品开发与设计、营销与推广、品牌打造等知识。围绕大田农业、农产品深加工、农业机械化、农业数字化与农业智能化等发展农业，打破城乡二元体制才能缩小贫富差距。尽管我国农业信息化投入很多，但总体农业数字化还处于较低的水平，土地不集中、生产模式落后、生产工具投入不足、生产力量不成规模等问题严重抑制农业的数字化进程，农业数字化发展尚有提升空间。

工业经济反作用于农业经济是依靠机械化、电子化；数字经济反作用于农业经济是依靠数字化、互联网、数字孪生技术；智能经济反作用于农业经济是依靠人工智能技术。当前我国农业除了大型农场以外，大部分还处于以家庭为单位的农业小型机械化阶段。我国农业技术经济发展现状如图9-2所示。发展是循序渐进的，不能直接从镰刀锄头的时代过渡到智慧农业、智能农业时代，需要逐步整合农业资源、整合土地、整合劳动力、整合销售渠道。从小田农业到大田农业、从家庭作坊到农业合作社或农业企业发展，农业大机械才能有用武之地，此时，建设电气化的农业工厂实现农产品就地消化，增加农产品附加值才有意义，然后再建设农产品加工业的工业互联网和农业机械化的物联网，逐步形成一个产业服务体系，推动早日实现乡村振兴。

农业经济技术演进过程中面临诸多难题
• 标准化大型农田占比较少
• 农村地区整体信息化程度不高
• 智慧农业设备少、技术能力较薄弱

我国农业处于农业机械化、
农业互联网叠加发展阶段，
农业经济向智能化演进
潜力巨大

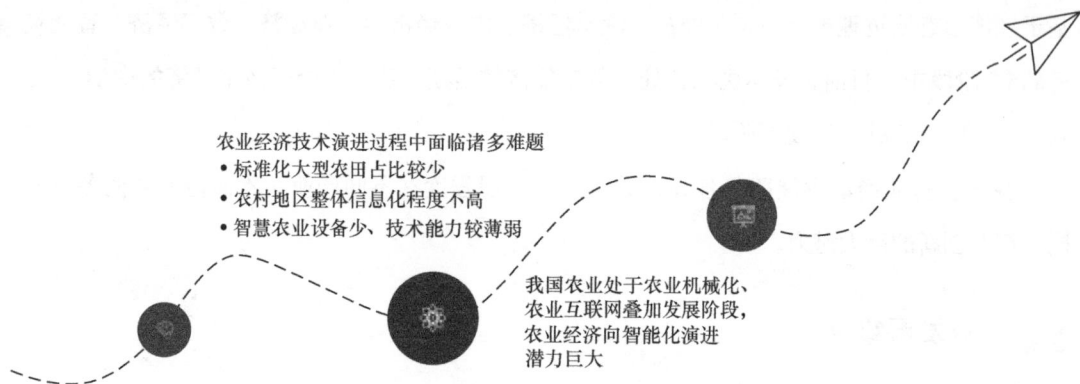

图9-2　我国农业技术经济发展现状

数字经济发展在工业研发、制造、产业链等方面呈现不同的特征。总体来看，在消费领域、流通领域，数字经济引领发展，但在工业领域、农业领域的数字化不够充分。在我国数字经济发展的过程中，服务业中的数字经济占本行业增加值比重最大，服务业数字化、智能化创新最活跃，发展势头最好。工业中的数字经济占本行业增加值比重相对较低，其中技术密集型、资本密集型行业的数字化程度高于劳动密集型行业。我国工业技术经济发展现状如图9-3所示。

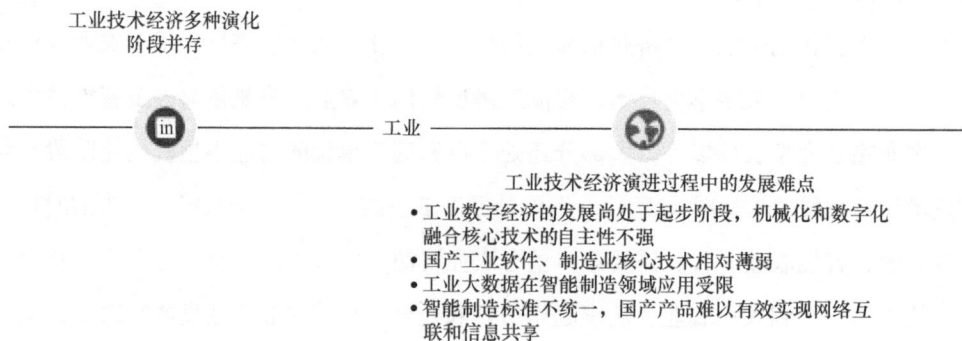

工业技术经济多种演化
阶段并存

工业

工业技术经济演进过程中的发展难点
• 工业数字经济的发展尚处于起步阶段，机械化和数字化
融合核心技术的自主性不强
• 国产工业软件、制造业核心技术相对薄弱
• 工业大数据在智能制造领域应用受限
• 智能制造标准不统一，国产产品难以有效实现网络互
联和信息共享

图9-3　我国工业技术经济发展现状

具体来看，我国数字经济的发展始于消费端，进而传导到销售供应链环节，最终影响到生产供应链。生产环节在改造中会出现全新的商品设计流程和生产流程，这样的流程改变是一

种全方位的、由消费端向生产端的改造。数字经济在由消费端向生产端传导的发展过程，也正是数字经济与第三产业、第二产业、第一产业融合发展的过程，离消费端越来越远，离产业端越来越近，数字经济与行业的融合难度也在不断加大。

地区维度

为了引导区域协同发展，缩小地方经济技术水平差距的策略如图9-4所示。

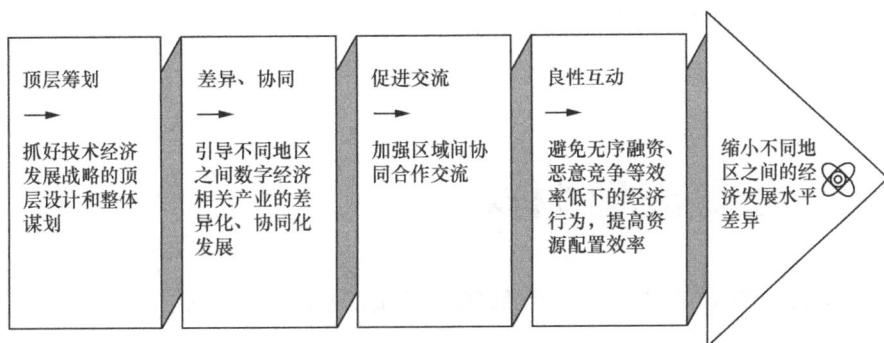

图9-4 缩小地方经济技术水平差距的策略

政府可以对不同地区的数字经济产业根据其特征和发展要求，采取不同的治理模式，例如，在我国东部地区继续实施纯技术效率的增长和规模效率的优化，在中部地区、西部地区实施人才弹性引进机制、设计人才激励制度，提升对高科技人员和高级管理人员的引进率。

总体来看，数字经济的发展对不同地区的资源禀赋差异的敏感性不强，尤其是放宽了对土地、劳动力等资源的刚性需求，但对资本投入和技术投入较为敏感，这显然有助于提高所有地区的经济增长率，进而缩小不同地区之间的经济发展水平差异。鉴于此，我国应根据不同区域的数字经济产业基础，推进不同区域数字经济的协调、健康、有序发展，注重不同地区之间数字经济相关产业的差异化、协同化发展，抓好数字经济发展战略的顶层设计和整体筹划。同时，我国还应加强对数字经济发展方向的引导和监管，推进市场结构优化，避免无序融资、恶意竞争等效率低下的经济行为，提高数字经济的资源配置效率。

区域间应加强协同合作交流，在数字技术创新应用和数字化高端人才流动上，给予更多的政策支持，提高区域间资源配置合理化，推进欠发达地区传统产业向数字化、网络化、智能化转型，实现高质量均衡发展。

人工智能深度学习功能与网络经济正反馈效用的叠加融合，将产生更强的马太效应，导致地区差距进一步扩大。如何打破路径依赖，在推进智能经济发展的同时，填补越来越大的数字鸿沟，是政府部门必须面对的新课题。这需要政府部门在财政、教育、科技创新和推动东西部地区合作与对外开放上，形成更加有效的宏观政策措施。

数据时代的使命是推动转型升级、解决今天经济社会的很多问题，我们的规则、体系、思考方式、教育方式要进行改变，我们不能用过去的方式来解决未来的问题，要用未来的方式解决未来的问题。

演进式创新的国外样本

德国、美国、法国、日本等国家已经完成了传统工业化三大演进子阶段，并在近几年借助数字经济在数字孪生、工业互联网、工业信息化、智能制造方向上走在了再工业化的前列。技术经济演进创新国外样本如图9-5所示。

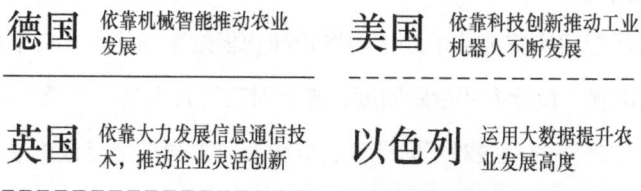

德国	依靠机械智能推动农业发展	美国	依靠科技创新推动工业机器人不断发展
英国	依靠大力发展信息通信技术，推动企业灵活创新	以色列	运用大数据提升农业发展高度

图9-5　技术经济演进创新国外样本

德国是全世界最大的农机出口国，也是西欧最大的农机生产国和第二大消费国。农机制造业产值约占全世界总产值的10%，在西欧国家中约占1/4，产品出口率达74%。德国田间生产、食品、副产品的机械化、自动化率达90%以上。在德国工作人口中，从事与农业相关职业的人数仅占2%，但是德国农业居世界先进水平，一个农民可以养活150个人，这正是因为其农业依靠推广采用精细化工业、大量的机械和信息化操作。以种植业的发展为例，农业是按照人力、畜力、机械化、智能化的顺序发展演进，应逐步增加后者的比重。德国在2014年提出了"工业4.0",进行再工业化。德国学术界和产业界认为,"工业4.0"概念即是以智能制造为主导的第四次工业革命,或者是革命性的生产方法。该战略旨在通过充分利用信息通信技术和网络空间虚拟系统——信息物理系统(Cyber-Physical System,CPS)相结合的手段,将制造业向智能化转型。

当先进的科技快速向产业扩展的时候,全社会的劳动生产率得到迅速提高。美国2018年的农业、工业、服务业在经济总量中的占比分别为0.8%、18.6%、80.6%,我国这一数据为7%、40.65%、52.16%。过去,美国将农业、工业之外的经济形式视为服务业,而同期的数字经济的GDP占比达60%,可以看出,服务业这个80%以上的比例实际上大部分是数字经济增长价值。美国在全球人工智能领域率先布局,近年来出台了一系列政策、法案、促进措施。借助大量技术创新成果,美国在脑科学、量子计算、通用AI等方面超前布局,同时,充分依托硅谷的强大优势,由企业主导建立了完整的人工智能产业链和生态圈,在人工智能芯片、开源框架平台、操作系统等基础软硬件领域全球领先。

英国是第一次工业革命的发源地,依靠第一次工业革命创造的巨大财力"称霸"全球,成为彼时的"日不落帝国",但是它未能把握住第二次工业革命机会。为应对2008年国际金融危机,英国政府启动了"数字英国"战略项目。2009年6月,英国商业、创新和技能部与文化、媒体和体育部联合发布了"数字英国"白皮书,并于当年8月联合发布《数字英国实施计划》。英国政府希望通过改善基础设施、推广全民数字应用,以及提供更好的数据保护,来促进经济的长期稳定发展。英国政府于2015年出台了《英国2015—2018年数字经济战略》,倡导通过数字化创新来驱动经济社会发展,其战略目标是把英国建设成为未来的数字化强国。2017年3月,英国文化、媒体和体育部发布了《英国数字化战略》,对打造世界领先的数字经济和全面推进数字化转型做出全面周密的部署,提出把数字部门的经济贡献值从2015年的1180亿英镑提高到2025年的2000亿英镑。在英国脱欧之际,英国政府仍然坚定推动数字战略再升级,体现了其对数字经济的巨大期待和决心。

以色列是中东地区唯一不产油的国家,国土面积为2.57万平方千米,年降水量仅有1毫米,沙漠深处的贫瘠土地;科技对GDP的贡献率达90%以上。土壤贫瘠、水源奇缺,从农业自然资源角度看,大片国土面积被沙漠占据的以色列可谓拿的一手"烂牌",但以色列却依靠科技创新，打造世界先进的生态农业系统，不仅满足本国对粮食和蔬果的需求，还大量出口欧洲等地，被誉为"欧洲果篮"。

采集经济：数字智能推动矿产资源与能源安全

采集经济作为后续经济的支撑产业，主要领域在于能源资源的开采。三大产业划分方法将采矿业、石油天然气等能源开采划分为工业领域，主要是因为这些领域与工业制造业是产业链上下游。但是从"生产"这个定义来说，采集经济是直接利用地球资源而并没有经过生产环节，在工业经济大发展之后，各种冶炼、化工产业才随之诞生。本节把采集经济独立出来，目的是从演进创新的角度看其发展。

采用后续经济赋能采集经济之前，首先要抓住采集经济发展的主线，从具体的环节上提升效率和产能，无论是利用国内资源还是国外资源，都具有重大的战略意义。采集经济的发展主线分为资源勘探、供应对象、开采形式、开采工具、开采技术、安全生产、物流商贸等环节。对供应对象来说，采集经济的发展最初是为了满足家庭消费，后期慢慢是以提供工业原材料为主；从开采形式来说，一开始以露天为主，慢慢过渡到坑道、深井开采，而且越挖越深；开采工具也从一开始的铁器，发展为以机械化、电气化、自动化、数字化工具和人工智能工具；从安全生产来说，从安全事故靠人预警，发展到如今的物联网传感器预警、数字孪生技术等模式；物流商贸方面供应的方式也从完全现货到期货和现货并行的方式。

随着我国资源勘探领域的技术进步，资源勘探从过去的机械化向电气化、模拟电路向数字化转型。当前在数字化、互联网、物联网的数字孪生技术的支持下，矿产资源可以映射在数字世界里，这样人们可以对矿产的开采规划、开采进度、安全管理、管线布局、作业等统一实施布局，并配套视频监控，将现实矿井与数字矿井融为一体，大幅提高生产效率和安全程度。

采集经济依靠人工智能技术应对经济风险。2020年的新冠肺炎疫情导致停工停产，使交通出行、工业制造对矿产、石油、天然气、焦炭的需求量大幅下降，2020年5月，美国石油期货曾经下跌为负值，我国也下达了焦炭停产、减产的临时政策。采集经济提供的是工业经济的原料和燃料，采集经济活动本身类似企业运营，固定成本较高，如果停产就会带来更大的亏损，但持续经营也会导致库存积压。因此采集经济与工业经济之间需要"库存能力"作为纽带。能源的库存能力是有限的，这就导致采集经济的供需矛盾突出，需要通过人工智能技术压缩开采的固定成本。

采集经济融合了数字经济与智能经济应对安全生产的能力。安全生产问题一直是采集经济的顽疾，因为采集经济尤其是采矿业大部分为陆地地下或海洋钻探作业，其中存在很多安全隐患，但是最终解决涉及工人安全生产问题的现实路径是使用自动化技术、人工智能技术。据埃森哲咨询公司估计，未来十年内，包括机器人技术和自动化技术在内的创新技术将为金属和采矿业创造3210亿美元的价值，相当于预期营收的3%～4%。人工智能技术非常适合用于条件艰苦、危险系数较大的环境中，这也是人工智能普及需求最大的领域之一。

渔猎经济：数字智能推动我国成为海洋大国

从原始社会开始，渔猎经济的重心从陆地慢慢向湖泊、海洋转移。我国南海、东海、黄海和渤海是重要的海洋渔业资源，同时海洋中还有重要的采集经济来源：可燃冰、海底石油，地球表面的总面积大约为5.1亿平方千米，其中海洋面积约为3.61亿平方千米，约占全球总面积的71%，大量的采集经济资源散布在广袤的海洋里，因此我们可以将渔猎经济与海洋采集经济统筹考虑。渔猎经济借助工业经济、数字经济、智能经济推动自身发展进程，可以提升我国海洋渔业的管理能力、提高产业化水平，具有重要的海洋战略意义。当前渔猎经济已经基本实现了机械化、电气化、模拟化。另外，随着北斗卫星系统的深入推进，卫星互联网助力远洋渔业大有可为。

《2019年中国海洋经济统计公报》显示，2019年全国海洋生产总值超过8.9万亿元，十年间翻了一番，比2018年增长6.2%，海洋经济对国民经济增长的贡献率达9.1%，拉动国民经济增长0.6个百分点。海洋第一、第二和第三产业的增加值占海洋生产总值的比重分别为4.2%、35.8%和60.0%，与2018年相比，第三产业的比重提高了0.9个百分点。

由海洋采集经济和海洋渔猎经济组成的海洋经济在我国建设经济强国的进程中处于战略重要位置，其中"一带一路""海洋强国战略"都包含面向海洋的向南、向西延伸战略，特别是在从欧洲到中东、东南亚、南亚的黄金海道上部署重要的港口资源，部署海洋内陆联运通道和跨国经济走廊，设立三沙市，部署海南自贸区都是面向海洋经济的重要举措。

农业经济：农业现代化的融合创新路径

与发达国家相比，我国产业结构依然存在大幅优化的空间，突出体现为农业经济现代化程度不高，相对发达国家，我国农业在三大产业中占比仍然过高。而调整的突破口恰恰是通过工业经济、数字经济、智能经济对农业经济进行赋能。美国、日本和韩国第一产业就业比重已分别小于1.7%、3.5%和4.9%，第三产业就业比重分别大于79.4%、70.9%和70.3%，我国还有很大差距，以2019年为例，我国第一产业占国内生产总值的比重为7.1%，第三产业为53.9%。

当前国际各大发达经济体正在大力发展数字孪生技术、工业互联网、物联网、各行业信息系统建设，打破"信息孤岛"，这些都是为未来的人工智能社会做好铺垫工作，即将面向人工智能的专用AI领域演进。智能经济可以为农业生产提供高附加值和高生产效率。非传统资源消耗性经济的GDP产值增值的本质是新技术、新产业的赋能，这是区域经济可持续发展的本质需求。农业增加值包括家庭农场经济模式、机械化规模化农场模式、数字农业（例如，合作社订单农业、电商农业、农产品可追溯系统、农业物联网等），还有未来的智能农业，它们的权重会越来越高。

面向智能经济的农业发展路线首先要以规模化种植、养殖，提高农业机械化率为目标，以对标德国机械化、智能化为目标，依靠强大的工业制造业水平提升农业机械化、电气化水平。当前矿山机械无人驾驶已经开始商用，未来各种无人驾驶的农业机械也可以按照北斗导航定位开展智能种植，农业种植施有机肥、除草、剪枝、采摘、分装、包装等工作都可以采用自动化、智能化设备工具完成。另外，畜牧业的发展是朝着规模化、有机生产、品牌化演进。拣选是保证畜牧产品品质的前提，以禽蛋的拣选为例，现有的禽蛋新鲜度检测主要分为人工检测和有损检测，其检测速度慢，准确度低，且因人而异，费时费力。养殖户生产出来的禽蛋缺乏市场竞争力，通过机器视觉的方式检测禽蛋可以节省80%的人工，将准确率从70%提高到94%，出场禽蛋的质量大幅提高，再加上品牌推广，有利于产品品牌质量的提升，建设现代畜牧业。农业自动化、人工智能技术的应用加快了农业产业化进程，推动农村富余人口的市民化进程，为工业、服务业输送就业人口，同时在这个过程中，也提升了国民的平均素质。

工业经济：建议从"两化"融合向"三化"融合迈进

工业增加值的本质除了是需求增长带来的资源消耗的增长，还有传统工业在数字经济时代发展工业互联网、物联网、数字制造、工业软件、数字孪生等带来的增加值，这是当前发达国家工业化的主要方向，德国"工业4.0"本质上是以工业互联网、物联网为代表的CPS系统，本质为"两化"融合的典型。未来人口进一步老龄化，人工成本仍会大幅上涨，人工智能技术将逐步从工业专用机器人向工业通用机器人领域发展，"工业5.0"时代将主要是以机器自主设计、机器视觉、机器人操作、机器自主维护为主的端到端全自动化生产模式。机器人将在第三产业的流通与服务业中大放异彩，尤其是无人驾驶、医用机器人、服务机器人等。

我国从2007年开始提出"两化"融合战略：以信息化带动工业化、以工业化促进信息化，走新型工业化道路。"两化"融合的核心就是信息化支撑，追求可持续发展模式。"两化"融合是工业经济与数字经济融合发展，发达国家已推动的智能制造本质上也是工业经济与数字经济融合发展，尚未触及人工智能的大部分技术，因此"两化"融合升级为"三化"融合将是趋势化策略。

在全球"工业4.0"革命的大环境下，工业化呈现出从"两化"融合向"三化"融合的趋势，从工业化与信息化融合向工业化、信息化、智能化融合演进。"三化"融合示意如图9-6所示。"三化"分别代表工业经济、数字经济和智能经济三大阶段，三大阶段在我国工业领域融合交替发展。数字孪生最先在精密制造领域得以应用，尤其是在复杂精密系统的工业设计领域，它被用于产品设计仿真和模拟制造。传统的"两化"融合是推进我国计算机技术、软件系统、管理流程化在传统工厂的应用，实际上还没有触及将工厂车间、业务、产品、内外价值链、外部供应链融为一体形成一套完整的数字孪生工厂系统。而如果要深入推进智能制造，那么工厂的制造活动应将全部生产活动纳入数字化范畴，打通从客户订单、研发设计、材料采购供应、生产制造流水线、经营管理、市场营销等环节，形成系统自动运行，车间工业机器人自动在流水线作业，再结合工业互联网，客户订单全程进度状态可视化，实现零库存，成本最优。当前人工智能的发展将加速我国"两化"融合向"三化"融合迈进，并将加速我国工业化从中低端迈向中高端行列。

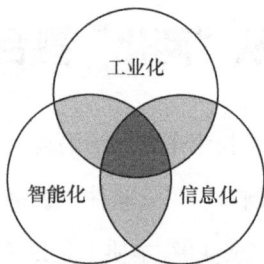

图9-6 "三化"融合示意

数字经济：加快数字经济立法进程

对数据确权，对数据的产生、流转、交易、保护等进行一系列的法律规范已迫在眉睫，数字产权的确权原则、数据流动的利益形成机制目前是制约数字经济发展的较大瓶颈。加快数字经济立法进程如图9-7所示。

图9-7 加快数字经济立法进程

数据分为结构化数据与非结构化数据。结构化数据的数据分析早已成熟，相关数据清洗、数据挖掘、数据交易已基本形成一套范式，贵阳市、武汉市等地已相继建立大数据交易平台机构，但是结构化数据的真正价值是有保护的互联互通，只有充分使用才能让真正的价值体现出来。从近几年国内相关贸易大会交易额来看，年度千万级的规模已经非常庞大，但实际上相对于我国信息通信产业几万亿元的年营业额，量级非常不相称。当前大数据产业已把数据中心基础设施、服务器硬件计入，但实际上这未能体现大数据的真正价值，仍属于IT

产业硬件范畴。当前数据的价格不能体现其真正价值，拥有数据的一方的利益无法得到满足，使用数据的一方缺乏正规合法的有偿使用渠道，并且信息的安全无法得到保障。结构化数据是人为的"信息孤岛"，这其中包括个人数据的隐私保护和产权问题、企业数据的商业产权和保护问题、国家数据的保密和保护问题，这些均需要通过立法来解决。数据立法保障信息共享、让信息多跑路、群众少跑腿的前提就是各个部门拥有大数据，但是当前结构化数据利用、共享、转换、交易最大的瓶颈是利益问题，数据安静地放在那里无法产生经济效益，还会导致维护成本上升。真正的价值是数据流动起来，例如电子病历联网可以将市民在不同医院的诊疗数据放在一个身份账号下互通，由市民现场人脸识别进行授权，医生打开诊断，就可以让市民享受到更便利的医疗、更准确的诊疗，但是前提是通过立法保障市民的权利，而不是让医院和医生将本来属于市民的数据占为己有。

非结构化数据有《中华人民共和国知识产权法》进行保护，数据利用价值最大化的前提是结构化。结构化大数据现象或者说难题是信息化发展不充分导致的，数据利用不存在技术难题，实际上大量的数据是非结构化数据，非结构化数据已经占据人类产生数据总量的75%。处理非结构化数据的方式通常有搜索引擎、知识管理等。对于网页文档、论文、项目文档、语音、视频等数据的处理方式有一个共同点，就是标签化，例如，"中国知网""万方"等机构将论文数据进行标签化，国家知识产权局将专利进行标签化供人们检索、数据分析，而且标签越多被检索到的概率越大，数据流动速度就越快。但是对于大量的视频监控等非结构化数据，我们无法通过人工标签的方式结构化，就需要采用人工智能的方式，从公安、安防领域来说，视频数据的结构化是采用计算机视觉、模式识别、深度学习等方式从非结构化数据中抓取结构化数据。例如，在全国范围内寻找一个犯罪嫌疑人，如果全国公安视频联网或者提取人脸照片特征进行输入，就可以在全网视频内检索匹配犯罪嫌疑人的行为轨迹。

2016年，《贵州省大数据发展应用促进条例》（以下简称"《条例》"）出台，该《条例》系国内首个大数据地方性条例，包括了大数据发展应用、共享开放、安全管理等内容，对数据采集、数据共享开发、数据权属、数据交易、数据安全基本问题做出了宣示性、原则性、概括性和指引性规定。贵州省的旅游资源、自然资源相对丰富，但在传统产业上相对欠发达，然而贵州省通过大数据立法规范化的形式，自上而下探索出了与自然禀赋相结合的大数据产业发展路径，并推广之。如果国家层面没有明确的大数据法律，就无法在全国范围内全面规范大数据商业、民事行为，很多大数据领域的市场行为就会面临无法可依的局面，特别是当前数据集中化趋势越来越明显的情况下，公共安全、医疗卫生、教育、交通、住房、社会保障等涉及民生和政府服务方面的数据都需要全国"一张网"互联互通，这样才能促进数据使用更加便利化，以及建设数据真实可控的国家级数据平台。以医疗、社会保障为例，如果实现了全国医疗"一张网"和社会保障"一张网"，那么我国公民在国内无论走到哪里，只要有相应的终端就可以实现医保就医；如果医疗影像数据全国互通，且不需要患者做反复检查，那么必将带动全国社保的普及，塑造良好的政府服务形象。

1995年，欧盟发布了严格的《数据保护指令》；2018年5月，欧盟开始实施最严格的《数据保护通用条例》。这两者均侧重于个人数据的保护，但没有触及大数据的其他方面。如果我国大数据的立法上升到产业链的全链条角度，将国家、企事业单位、公民个人的数据根据数据产生、数据交易、数据使用、数据取证、数据互通等涉及各个产业、各个行业的大数据产业链上的共性行为进行定性、立法、规范化，形成法律，那么必将提高我国大数据产业的国际影响力。

🔍 智能经济：促进专用AI与实体经济的深度融合

党的十九大报告强调"贯彻新发展理念，建设现代化经济体系，推动互联网、大数据、人工智能和实体经济深度融合"，为人工智能的研究落脚点指明了方向，即与实体经济深度融合。实体经济是指物质的、精神的产品和服务的生产、流通等经济活动，包括农业、工业、交通通信业、商业服务业、建筑业等物质生产和服务部门，也包括教育、文化、知识、信息、艺术、体育等精神产品的生产和服务部门。实体经济始终是人类社会赖以生存和发展的基础。与实体经济相对应的是虚拟经济，它是以金融、证券等行业为主体的经济部门，是实体经济的发展助推器。人工智能对于实体经济、虚拟经济都有巨大的推动作用，人工智能在金融业、证券业有较大的应用空间。我们需要探讨的是人工智能如何与实体经济深度融合，并尝试提出人工智能所带来的经济社会形态的本质内涵，提出基于持续演进和应用迭代、与实体经济深度融合的专用人工智能技术体系。

人工智能与实体经济深度融合的实施步骤如下。第一要做好技术体系分类，第二是找到与实体经济融合的结合点，分布式实施，逐个击破。2017年，国务院印发《新一代人工智能发展规划》，提出三步走策略：第一步，2020年人工智能总体技术和应用与世界先进水平同步，人工智能核心产业规模超过1500亿元，带动产业规模超过1万亿元；第二步，2025年人工智能基础理论实现重大突破，部分技术与应用达到世界领先水平，人工智能核心产业规模超过4000亿元，带动相关产业规模超过5万亿元；第三步，2030年人工智能理论、技术与应用总体达到世界领先水平，成为世界主要人工智能创新中心。

大力发展人工智能新兴产业

加快人工智能关键技术转化应用，促进技术集成与商业模式创新，推动重点领域智能产品创新，积极培育人工智能新兴业态，布局产业链高端，打造具有国际竞争力的人工智能产业集群。

- **智能软硬件**。开发面向人工智能的操作系统、数据库、中间件、开发工具等关键基础软件，突破图形处理器、芯片等核心硬件，研究图像识别、语音识别、机器翻译、智能交互、知识处理、控制决策等智能系统解决方案，培育壮大面向人工智能应用的基础软硬件产业。

- **智能机器人**。攻克智能机器人核心零部件、专用传感器，完善智能机器人硬件接口标准、软件接口协议标准以及安全使用标准；研制智能工业机器人、智能服务机器人，实现智能机器人大规模应用并进入国际市场；研制和推广空间机器人、海洋机器人、极地机器人等特种智能机器人；建立智能机器人标准体系和安全规则。

- **智能运载工具**。发展自动驾驶汽车和轨道交通系统，加强车载感知、自动驾驶、车联网、物联网等技术集成和配套；开发交通智能感知系统，形成我国自主的自动驾驶平台技术体系和产品总成能力，探索自动驾驶汽车共享模式；发展消费类和商用类无人机、无人船，建立试验鉴定、测试、竞技等专业化服务体系，完善空域、水域管理措施。

- **虚拟现实与增强现实**。突破高性能软件建模、内容拍摄生成、增强现实与人机交互、集成环境与工具等关键技术，研制虚拟显示器件、光学器件、高性能真三维显示器、开发引擎等产品，建立虚拟现实与增强现实的技术、产品、服务标准和评价体系，推动重点行业融合应用。

- **智能终端。**加快智能终端核心技术和产品研发，发展新一代智能手机、车载智能终端等移动智能终端产品和设备，鼓励开发智能手表、智能耳机、智能眼镜等可穿戴终端产品，拓展产品形态和应用服务。

- **物联网基础器件。**发展支撑新一代物联网的高灵敏度、高可靠性的智能传感器件和芯片，攻克射频识别、近距离机器通信等物联网核心技术和低功耗处理器等关键器件。

加快推进产业智能化升级

推动人工智能与各行业融合创新，在制造、农业、物流、金融、商务、家居等重点行业和领域开展人工智能应用试点示范，推动人工智能规模化应用，全面提升产业发展智能化水平。

- **智能制造。**围绕制造强国重大需求，推进智能制造关键技术装备、核心支撑软件、工业互联网等系统集成应用，研发智能产品及智能互联产品、智能制造使能工具与系统、智能制造云服务平台，推广流程智能制造、离散智能制造、网络化协同制造、远程诊断与运维服务等新型制造模式，建立智能制造标准体系，推进制造全生命周期活动智能化。

- **智能农业。**研制农业智能传感与控制系统、智能化农业装备、农机田间作业自主系统等；建立完善天空地一体化的智能农业信息遥感监测网络；建立典型农业大数据智能决策分析系统，开展智能农场、智能化植物工厂、智能牧场、智能渔场、智能果园、农产品加工智能车间、农产品绿色智能供应链等集成应用示范。

- **智能物流。**加强智能化装卸搬运、分拣包装、加工配送等智能物流装备研发和推广应用，建设深度感知智能仓储系统，提升仓储运营管理水平和效率；完善智能物流公共信息平台和指挥系统、产品质量认证及追溯系统、智能配货调度体系等。

- **智能金融。**建立金融大数据系统，提升金融多媒体数据处理与理解能力；创新智能金融产品和服务，发展金融新业态；鼓励金融行业应用智能客服、智能监控等技术和装备；建立金融风险智能预警与防控系统。

- **智能商务**。鼓励跨媒体分析与推理、知识计算引擎与知识服务等新技术在商务领域的应用，推广基于人工智能的新型商务服务与决策系统；建设涵盖地理位置、网络媒体和城市基础数据等跨媒体大数据平台，支撑企业开展智能商务；鼓励围绕个人需求、企业管理提供定制化商务智能决策服务。

- **智能家居**。加强人工智能技术与家居建筑系统的融合应用，提升建筑设备及家居产品的智能化水平；研发适应不同应用场景的家庭互联互通协议、接口标准，提升家电、耐用品等家居产品的感知和联通能力；支持智能家居企业创新服务模式，提供互联共享解决方案。

大力发展智能企业

- **大规模推动企业智能化升级**。支持和引导企业在设计、生产、管理、物流和营销等核心业务环节应用人工智能新技术；构建新型企业组织结构和运营方式，形成制造与服务、金融智能化融合的业态模式，发展个性化定制，扩大智能产品供给；鼓励大型互联网企业建设云制造平台和服务平台，面向制造企业在线提供关键工业软件和模型库，开展制造能力外包服务，推动中小企业智能化发展。

- **推广应用智能工厂**。加强智能工厂关键技术和体系方法的应用示范，重点推广生产线重构与动态智能调度、生产装备智能物联与云化数据采集、多维人机物协同与互操作等技术，鼓励和引导企业建设工厂大数据系统、网络化分布式生产设施等，实现生产设备网络化、生产数据可视化、生产过程透明化、生产现场无人化，提升工厂运营管理智能化水平。

- **加快培育人工智能产业领军企业**。在无人机、语音识别、图像识别等优势领域加快打造人工智能全球领军企业和品牌；在智能机器人、智能汽车、可穿戴设备、虚拟现实等新兴领域加快培育一批龙头企业；支持人工智能企业加强专利布局，牵头或参与国际标准制定；推动国内优势企业、行业组织、科研机构、高校等联合组建中国人工智能产业技术创新战略联盟；支持龙头企业构建开源硬件工厂、开源软件平台，形成集聚各类资源的创新生态，促进人工智能中小微企业发展和各领域应用；支持各类机构和平台面向人工智能企业提供专业化服务。

打造人工智能创新高地

结合各地区基础和优势，按人工智能应用领域分门别类进行相关产业布局。鼓励地方围绕人工智能产业链和创新链，集聚高端要素、高端企业、高端人才，打造人工智能产业集群和创新高地。

- 开展人工智能创新应用试点示范。在人工智能基础较好、发展潜力较大的地区，组织开展国家人工智能创新试验，探索体制机制、政策法规、人才培育等方面的重大改革，推动人工智能成果转化、重大产品集成创新和示范应用，形成可复制、可推广的经验，引领带动智能经济和智能社会发展；建设国家人工智能产业园，依托国家自主创新示范区和国家高新技术产业开发区等创新载体，加强科技、人才、金融、政策等要素的优化配置和组合，加快培育建设人工智能产业创新集群。

- 建设国家人工智能众创基地。依托从事人工智能研究的高校、科研院所集中地区，搭建人工智能领域专业化创新平台等新型创业服务机构，建设一批低成本、便利化、全要素、开放式的人工智能众创空间，完善孵化服务体系，推进人工智能科技成果转移转化，支持人工智能创新创业。

第十章

基于技术经济演进理论的省域经济发展分析

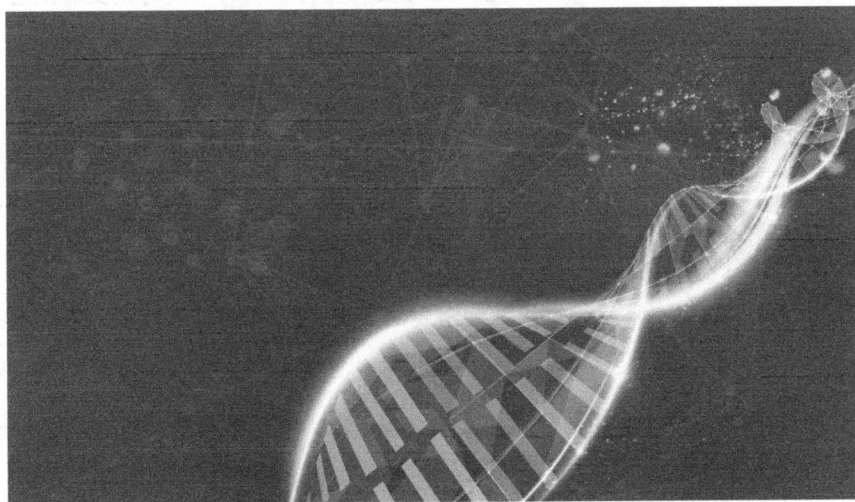

⊕ 概述

我国有23个省、5个自治区、4个直辖市、2个特别行政区，合计34个省级行政区。"省"这个层面是国家政策的中间执行者，是本地区创新的汇总节点，目前我国省一级的技术经济发展呈现出以下特点。

- 科技创新水平的不均衡性。目前我国省域科技创新能力的发展水平呈现明显的区域特征，科技创新实力、潜力、影响力和活跃度存在较强的不平衡性，东部沿海地区科技创新能力较强，中部地区发展迅速，西部地区科技创新有待加强；依据技术演进论，中西部省（自治区、直辖市）可以借助后发优势加快经济发展速度，例如，西南地区的西藏自治区、贵州省、云南省等近年来年均增速明显高于全国平均增速，但是发展质量（财政收支水平）还有待提高。

- 财政政策刺激混合凯恩斯效应与非凯恩斯效应。研究证明，我国省级财政支出政策在不同的省（自治区、直辖市）和同一省（自治区、直辖市）的不同时期既有凯恩斯效应也有非凯恩斯效应，并且存在很大的差异性，这说明我国财政政策的实施不应"一刀切"，而是应针对各省（自治区、直辖市），密切关注其非凯恩斯效应发生的条件和时期，进而提高政府根据不同区制相继执行差异化财政支出政策的精确性。省一级在经济层面有地区发展阶段、区域自然禀赋、劳动力素质水平、对外经济便利化水平等限制，因此不同的省（自治区、直辖市）需要有不同的升级财政政策。

- 不同省份的赤字水平反映了当地经济发展质量。根据统计，目前能够创造出财政盈余的是广东省、江苏省、浙江省、福建省、北京市、上海市，这些也是当前工业经济发展较好的地区，并且在数字经济发展水平方面走在全国前列，它们也经历了"农业经济—工业经济—数字经济"的完整演进过程。省域经济讨论的主要区域如图10-1所示。

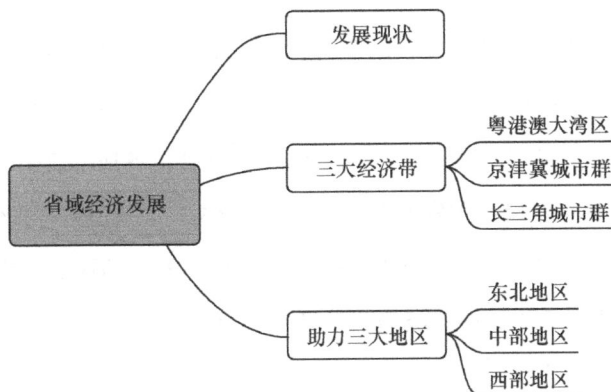

图10-1　省域经济讨论的主要区域

当前省域数字经济的发展现状

我国区域数字经济发展不均衡

我国的各省级区域移动数字网络经济的综合发展不均衡，各省（自治区、直辖市）之间的全国区域移动数字网络经济综合发展的推进速度和管理水平仍然差异巨大，并且欠发达地区的近几年平均数字和其经济的年均增长速度远远低于发达地区。

发达地区的数字技术创新应用已经广泛地渗透到社会整体经济和生活的各个领域，进入了深度相互融合的高级数字化发展阶段，衍生出大量新业态、新产业、新模式，数字化与传统产业融合和变革的特征明显，提升了地区整体的发展水平。而欠发达地区还处于数字化发展的初级阶段，主要表现为数字化的基础和设施薄弱，数字化应用主要滞留在公共生活和消费服务领域，企业和个人在政府服务领域的数字化转型缓慢，数字化信息技术产业和传统产业领域数字化的融合发展滞后。

中通服咨询设计研究院数字经济评价模型DEEP

中通服咨询设计研究院有限公司（以下简称"中通服设计院"）数字经济评价模型DEEP（Digital Economic Evaluation Pattern）是基于"有中心、无边界"的数字经济发展态势，衡量各地区数字经济发展水平的有效方法，DEEP指数旨在评价各地区数字经济"中心"和"边界"构建情况以及总体数字经济的发展现状，为行业分析、政策制定等提供重要参考。

按照中通服设计院对数字经济的理解，地区数字经济发展的评价主要是从"有没有形成各类中心"和"有没有延伸扩展各类边界"两个维度展开，由此推出DEEP的测算框架。DEEP测算框架如图10-2所示。

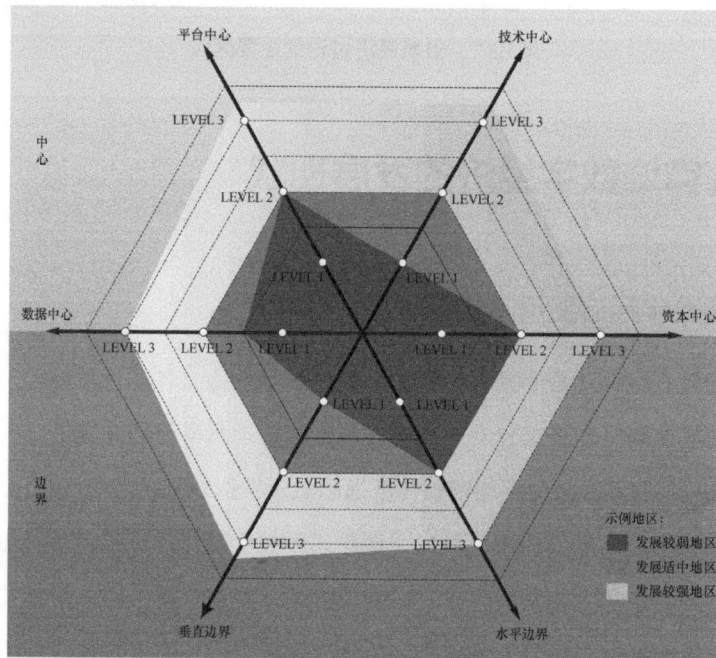

图10-2　DEEP测算框架

评价一个地区的数字经济发展情况可以通过DEEP测算框架中的绘制面积得出。其测算值（区域面积）可由DEEP指数公式得出。

$$DE_{数字经济}=DE_{中心}+DE_{边界}$$

具象表述如下。

$$E_{P.T.}=T_{P.T.}f\left(\mu1,\mu2,\mu3,\mu4\right)+B_{P.T.}f\left(Horizontal,Vertical\right)$$

其中，$E_{P.T.}$指的是P地在T时期内的数字经济总产量。$T_{P.T.}$指的是中心指数权重，$B_{P.T.}$指的是边界指数权重。$\mu1$，$\mu2$，$\mu3$，$\mu4$分别表示数据中心、平台中心、技术中心和资本中心指数，$Horizontal$指的是水平边界指数，$Vertical$指的是垂直边界指数。

数字经济的中心评价由以下公式确定。

$$E_{P.T.1}=T_{P.T.1}f\left(\mu1\right)+T_{P.T.2}f\left(\mu2\right)+T_{P.T.3}f\left(\mu3\right)+T_{P.T.4}f\left(\mu4\right)$$

数字经济的垂直评价由以下公式确定。

$$E_{P.T.2}=T_{P.T.1}f\left(Horizontal\right)+B_{P.T.2}f\left(Vertical\right)$$

DEEP指数分为一级指数和二级指数。DEEP一级指数和二级指数见表10-1。

表10-1　DEEP一级指数和二级指数

指数	一级指数	二级指数
中心	数据中心	服务器和网络规模
		数据交易中心数量
		电源使用效率（Power Usage Effectiveness，PUE）
		复原时间目标值（Recovery Time Objective，RTO）
		复原点目标（Recovery Point Objective，RPO）
		不涉及中断的性能下降（时间和次数）
		数据时效性
		客户满意度
	平台中心	三产互联网平台数
		电子商务交易活动平台数
		"两化"融合平台数
	技术中心	高技术产业研发人员
		高技术产业研发经费内部支出
		高技术产业专利数量
		高技术产业技术获取与技术改造支出
	资本中心	支持数字经济发展资金经费
		财政资金使用效率
边界	水平边界	基础型需求与应用
		融合型需求与应用
		效率型需求与应用

（续表）

指数	一级指数	二级指数
边界	水平边界	新生型需求与应用
		福利型需求与应用
	垂直边界	产业链上游（内容、经销）
		产业链中游（系统、App）
		产业链下游（芯片、硬件）
		产业链整合态势

各指数及其二级指标赋权评分过程采取专家背对背打分模式，每位专家针对具体指标的重要性由低到高给出1分（非常不重要）至5分（非常重要）的打分，彼此事先不进行任何形式的讨论或沟通。在所有专家组成员打分完毕之后，最终指标 j 的权重 α_j 由以下公式决定。

$$\alpha_j = \sum_{i=1}^{n} \alpha_{ij} / \sum_{i=1}^{n} \sum_{j=1}^{m} \alpha_{ij}$$

其中，i 指的是第 i 位专家，j 指的是第 j 个指标，α_{ij} 指的是第 i 位专家组成员为第 j 个指标的评分，n 为专家组成员总数，m 为评分指标总数。

采用取百分比的方法对数据进行标准化，即某地区的某个指标的数值为该地区该指标的数值除以该指标的全国加总数。采用这一标准化方式可以直观感受到该地区在数字中国版图中占据的相对位置。

$$t_{cj} = x_{cj} / \sum_{c=1}^{k} x_{cj}$$

其中，c 指的是第 c 个地区，j 指的是第 j 个指标，t_{cj} 指的是第 c 个地区第 j 个指标的去量纲值，x_{cj} 指的是第 c 个地区第 j 个指标的原始值，k 为样本地区总数。

简单的计算过程如下。

$$\begin{bmatrix} x_{c_1j_1} & \cdots & x_{c_1j_m} \\ \vdots & \ddots & \vdots \\ x_{c_kj_1} & \cdots & x_{c_kj_m} \end{bmatrix} \begin{bmatrix} x_{总j_1} \\ \vdots \\ x_{总j_m} \end{bmatrix}^{-1} = \begin{bmatrix} t_{c_1j_1} & \cdots & t_{c_1j_m} \\ \vdots & \ddots & \vdots \\ t_{c_kj_1} & \cdots & t_{c_kj_m} \end{bmatrix} \times \begin{bmatrix} \alpha_1 \\ \vdots \\ \alpha_m \end{bmatrix} \longrightarrow \begin{bmatrix} T_{c_1} \\ \vdots \\ T_{c_m} \end{bmatrix}$$

原始数据矩阵　　全国总量逆向量　去量纲矩阵　　　　指数向量

我国省域数字经济指数从高到低分为4个梯队

2019年，中通服设计院根据DEEP模型对除台湾地区、澳门特别行政区、香港特别行政区之外的31个省（自治区、直辖市）2018年的数字经济发展水平进行测算，得出各省（自治区、直辖市）DEEP指数。DEEP指数排名从高到低依次为广东、浙江、江苏、上海、北京、山东、安徽、福建、四川、湖北、湖南、重庆、河南、天津、贵州、河北、辽宁、陕西、江西、广西、吉林、山西、云南、黑龙江、内蒙古、海南、宁夏、新疆、甘肃、青海、西藏。2018年31个省（自治区、直辖市）的平均DEEP指数为147.58。各省（自治区、直辖市）的DEEP指数从高到低可以分为4个梯队。

- **广东、浙江、江苏、上海、北京、山东6个省（直辖市）位于第一梯队。**第一梯队即数字经济发展的一线省（自治区、直辖市）：包括广东、浙江、江苏、上海、北京和山东6个省（直辖市），DEEP指数均超过170。第一梯队的沿海6个省（直辖市）凭借中心构建基础优势，加上垂直、水平无边界打造，在数字经济发展浪潮中响应迅速，起到了引领发展的作用。

- **安徽、福建、四川等13个省（直辖市）位于第二梯队。**第二梯队即数字经济发展二线省（自治区、直辖市）：包括安徽、福建、四川、湖北、湖南、重庆、河南、天津、贵州、河北、辽宁、陕西、江西13个省（直辖市），DEEP指数在140～170。第二梯队在数字经济中心构建中各具特色，但是在边界拓展和融合中相比第一梯队稍显弱势。

- **广西、吉林、山西等8个省（自治区、直辖市）位于第三梯队。**第三梯队即数字经济发展三线省（自治区、直辖市）：包括广西、吉林、山西、云南、黑龙江、内蒙古、海南和宁夏8个省（自治区、直辖市），DEEP指数在110～140。第三梯队主要分布于东北、西北和西南地区，其中东北地区是我国传统的老工业基地，在中心建设和垂直产业融合中进展缓慢，数字经济发展相对滞后，西北和西南地区整体在中心和边界都不具备优势，数字经济发展低于全国平均水平。

- **新疆、甘肃、青海、西藏4个省（自治区）位于第四梯队。**第四梯队即数字经济发展四线省（自治区）：包括新疆、甘肃、青海和西藏4个省（自治区），DEEP指数在110以下。第四梯队主要分布在西北等地区。

DEEP指数呈现从东部沿海向西部内陆逐渐降低趋势

DEEP指数四种梯队的分布情况基本符合从东部沿海向西部内陆逐渐降低的趋势，呈现趋势与地区GDP发展趋势一致。

黔、沪、京DEEP指数排名显著高于GDP排名

中通服设计院将31个省（自治区、直辖市）2018年DEEP指数排名和本地区的2018年GDP排名进行了对比。31个省（自治区、直辖市）2018年DEEP指数排名与GDP排名比较如图10-3所示。

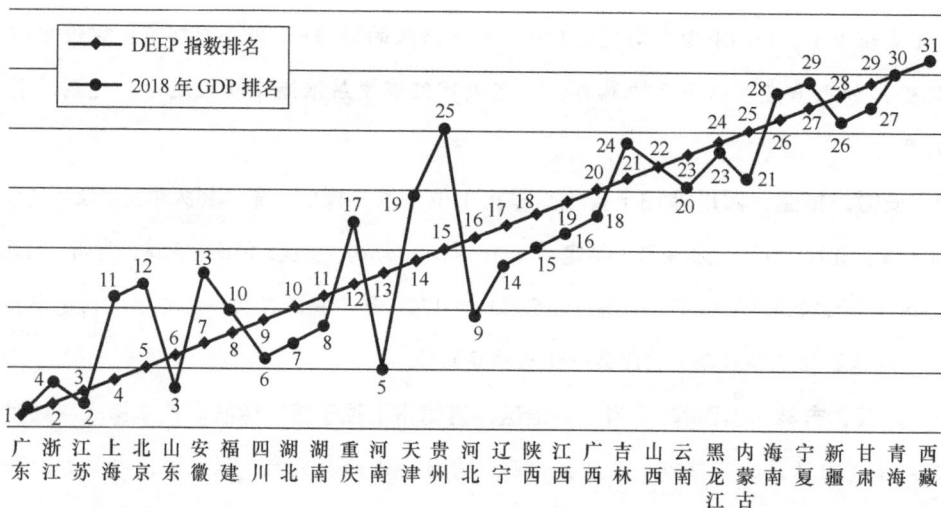

图10-3　31个省（自治区、直辖市）2018年DEEP指数排名与GDP排名比较

DEEP指数排名与GDP排名之差的平均绝对值为3.29，较小的差距表明地区数字经济发展和地区GDP之间存在密切关系。GDP规模较大的省（自治区、直辖市）往往取得较高的数字经济发展排名。同时也存在部分省（自治区、直辖市）数字经济发展和GDP排名不完全一致的情况，我们对各省（自治区、直辖市）具体情况进行了具体分析。

DEEP指数排名显著高于GDP排名的省（自治区、直辖市）有贵州（−10）、上海（−7）、

北京（–7）。

- **贵州**：加快谋划和布局数字经济，发展数字经济主体产业，促进三次产业数字化融合，对贵州实施创新驱动、加速转型升级、培植后发优势，走出一条有别于东部、不同于西部其他省（自治区、直辖市）的发展道路，实现弯道取直、后发赶超、同步小康，这具有重要的战略意义和现实意义。

- **上海和北京**：两地在医疗、教育、交通、政务等领域的数字经济应用水平相对较高，数字化技术应用在城市治理方面也取得了很好的效果。在"互联网+"政务与服务业领域，两地还可以在数据共享、大数据平台应用以及信息安全等方面实现进一步提升。

豫、冀、内蒙古DEEP指数排名明显低于GDP排名

DEEP指数排名明显低于GDP排名的省（自治区、直辖市）有河南（8）、河北（7）、内蒙古（4）。

- **河南和河北**：两省均为我国人口众多、具有一定工业发展基础的地区，但两省工业对传统产业依赖度较高，软件和信息服务业等新兴产业发展滞后，在产业融合上与东部地区差距较大。

- **内蒙古**：在"大央企、大能源、大化工"的发展模式下，内蒙古的经济发展实现了腾飞，然而内蒙古的经济运行存在一个很大的问题，就是对资源、能源的依赖过强，而非资源产业发展动力不足。数字经济的核心驱动力是创新，内蒙古既缺乏领先的科研创新能力，又未能深入挖掘本地市场的数字服务消费能力，内蒙古数字经济的可持续、快速、健康发展因此受到影响。

三大经济带发展策略

基于我国省域数字经济的发展现状，本节从技术经济演进论的视角聚焦粤港澳大湾区、京津冀城市群、长三角城市群三大核心区域，并提出了三大经济带的未来发展策略。典型区域的技术经济发展特色如图10-4所示。

粤港澳大湾区：构建分工协同的数字经济创新体系

粤港澳大湾区作为我国对外开放程度最高、经济活力最强和数字经济发展程度最高的区域之一，在国家发展大局中具有重要的战略地位。加快推进数字产业化和产业数字化，推动数字经济和实体经济深度融合，建设具有国际竞争力的数字产业集群，打造全球数字经济发展新高地已成为高质量建设粤港澳大湾区的发展方向。

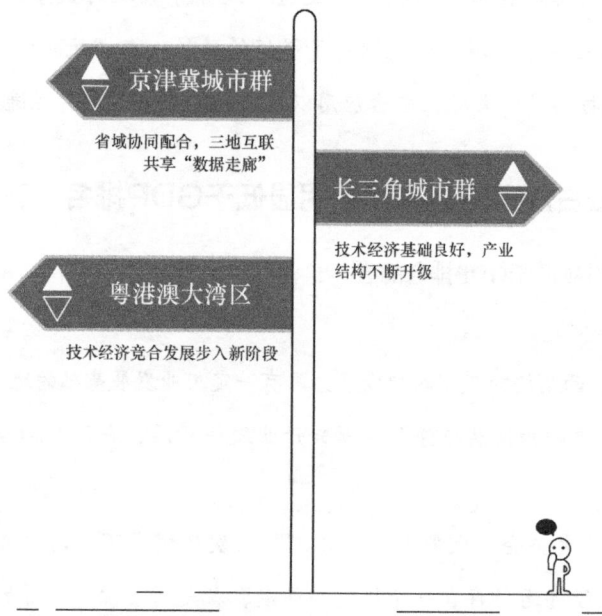

京津冀城市群
省域协同配合，三地互联
共享"数据走廊"

长三角城市群
技术经济基础良好，产业
结构不断升级

粤港澳大湾区
技术经济竞合发展步入新阶段

图10-4　典型区域的技术经济发展特色

发挥粤港澳大湾区各城市在数字经济方面的特色优势，统筹规划空间布局、功能定位和产业发展，优化数字经济生产力布局，构建粤港澳大湾区数字经济分工与协同体系，形成数字经济创新合力。香港特别行政区的电信市场是全球最先进、最蓬勃的电信市场之一，具有完善的基础架构设施。其智能产业的研发中心初具规模，应发挥基础性、原创性的作用，同时充分扮演"超级联系人"的角色，成为粤港澳大湾区数字经济研发中心，以及粤港澳大湾区与世界主要数字经济创新区域的纽带。澳门特别行政区应打造数字娱乐之都，同时以中医药研发和集成电路设计为突破口，扩大数字技术在粤港澳大湾区各城市的应用。

京津冀城市群：强化北方技术经济升级的带动与示范作用

1. 持续驱动产业转型升级

京津冀城市群利用平台化、智能化、去核化和个性化的耦合，驱动产业转型升级，催生产业变革，基于京津冀一体化战略，把握自身定位，加快完成第二产业转型升级，集中建设高新技术制造业，引领第三产业完成高端化升级，进一步优化升级产业结构。

2. 加强河北地区的新基建投入

河北地区应补齐新基建短板，为实现区域经济发展定位目标提供基础；加大对农村地区信息基础设施的投资，加快区域间信息基础设施互联互通、信息资源共享共建，推进区域信息基础设施协同发展；强化融合信息基础设施的建设范畴和普及范围，解决满足区域功能定位目标时所面临的公益性问题，为实现区域功能定位目标提供支撑底座。

长三角城市群：预备发展智能经济高地

作为全球经济发展最具活力的区域经济体之一，长三角区域用全国4%的面积承载了全国四分之一的经济体量。长三角一体化区域发展较为协调，具备较为优质和广泛的数字基础设施基础，拥有较为全面的政府规划体系和人才聚集资源，是我国重要的制造业基地。在充分发展数字经济的基础上，长三角城市群具有预备发展智能经济高地的独特优势。

长三角一体化高质量发展的重要内容包括智能经济、数字经济和产业结构升级、企业转型升级。未来长三角区域将成为中国智能经济的发展高地，智能经济将成为长三角一体化发展的新动力，成为长三角高质量发展的一张"金名片"。

东北地区老工业基地发展策略

基于东北地区的产业发展现状，本节从技术经济演进论的视角提出了东北地区未来经济发展策略，旨在促进东北地区找准新增长极，实现高质量发展。

找寻制约发展的主因，强化基础投入

东北地区存在第三产业发展滞后、数字基础投入不足、缺少增长极等一系列问题，导致东北地区在我国数字经济发展浪潮中已处于落后地位。根据相关研究，东北地区的数字经济发展在全国层面上处于较低水平，东北三省发展水平分化、极化现象明显，中心城市优势地位突出，形成"核心—边缘"结构，呈现出"东高西低，南高北低"的空间分异格局。

研究显示，人口素质、城市规模、居民消费水平、政府科学技术投入水平是影响东北地区数字经济总体发展空间分异的核心因素，产业结构高级化水平、第三产业发展水平、经济发展水平、工业发展水平对东北地区的数字经济发展影响力较大。

因此，在国家新一轮发展的背景下，东北地区亟须找寻制约发展的主因，以推动各领域技术经济演进为目标，通过合理的顶层政策设计，发挥自身科教资源潜能，强化符合本地区发展阶段必需的新型基础设施投入，助力本地经济发展。

工业发展参考工业经济演进路径，升级产业结构

东北地区具备深厚的工业基础，亟须在补足数字融合缺失的基础上，较快地完成工业发展阶段，顺利向"工业4.0""工业5.0"进化；同时应优化营商环境、利用好数字技术手段推动整个工业产业链的发展和转型，进而通过产业结构升级来推动数字经济发展，带动东北地区经济整体复苏。

农业发展注重农业现代化水平提升

东北地区应加快建设现代农业，深入实现农业现代化，利用好新一代信息技术，使之更好地服务农业现代化。为推进信息化、网络化、智能化与农业深度融合，东北地区应更充分地实施"互联网+"现代农业行动，加强智能装备、物联网的推广应用，推进信息进村入户，提高农业物联网等信息技术的应用比例；加快国家涉农大数据省级分中心和各类农业实用数据库建设，强化数据采集、分析，利用大数据提升农业生产、经营、管理和服务水平；培育一批网络化、智能化、精准化的现代农业生产新模式，积极发展智能农业、感知农业和精准农业。

中部地区发展策略

基于中部地区经济发展基础，本节从技术经济演进论的视角提出了中部地区发展策略，主要包括完善区域协同、促进乡村振兴、推动产业高质量发展等方面。

加快新旧动能转换，推动产业高质量发展

中部地区应加快传统产业改造升级和新兴产业培育壮大。中部地区的传统产业占比较大，在数字经济时代，可积极推动新旧动能转化，结合数字化基础推动产业创新转型，实现高质量发展。例如，积极创建新旧动能转换示范区，深入实施技改工程，重点支持食品、冶金、石化、建材等传统支柱产业转型升级，实现优质制造；推动新兴产业发展，实施产业培育工程，让更多潜力产业成长为现实增长点，全力推进国家级产业基地建设。

完善区域协同与对接，开拓发展动力源泉

中部地区应深入实施区域和产业发展总体战略，提升城市圈和其他城市群功能，支持各城市找准定位、全面对接，发展壮大更多新的区域增长极，以长江绿色经济和创新驱动发展带，以沿线重要城镇为节点，打造高质量发展产业走廊。

中部地区还应大力促进跨区域合作，对接京津冀协同发展、长三角一体化、粤港澳大湾区建设，广泛开展经常性协作交流；完善省际协商合作机制，探索长江中游城市群、生态经济带、生态经济合作区等区域合作新路径；着力完善区域和产业布局，推动区域协调发展向更高水平和更高质量迈进。

深入实施乡村振兴战略，推进农业农村现代化

中部地区应加快发展现代农业，深化农业供给侧结构性改革，加快农村一二三产业融合，促进农业高质量发展，例如，深入推进高标准农田建设，因地制宜推广绿色高效种养模式，实施农产品加工业提升行动，发展壮大特色农产品优势区和现代农业产业园；着力推进

新一轮农村改革，例如农村集体产权改革、农业保护制度、农民培育工程等，借助新型基础设施建设浪潮，多途径发展壮大集体经济。

西部地区发展策略

基于西部地区的经济发展现状，本节从技术经济演进论的视角提出了西部地区发展策略，主要包括完善基础、创新驱动等方面。

因地制宜完善基础经济发展

我国西部地区的山区较多，农业、工业等经济基础的发展与其他地区相比较为落后。由于各产业技术经济演进较为滞后，所以西部地区需要弥补农业机械化、工业数字化水平的不足。同时，西部地区需要结合地区禀赋特点，利用新型基础设施的发展建设来反哺农业、工业等。

政策创新与理念创新双轮驱动

西部地区的经济总量在全国来看偏少，对于发展相对落后的西部地区来说，政策创新与理念创新对新时期的经济发展和环境优化尤为关键。例如，贵州尝试发展大数据产业，搭建与中关村、硅谷等国内外多个创新高地的高端链接，苹果、阿里巴巴等国内外互联网企业也纷纷在贵州设立了大数据中心。当然，数字经济的发展还需要实体经济的积累和支撑，数据如何做实、数据产业如何反哺实体经济还需要更为深入的创新驱动。

第十一章

基于技术经济演进论的城市发展建议

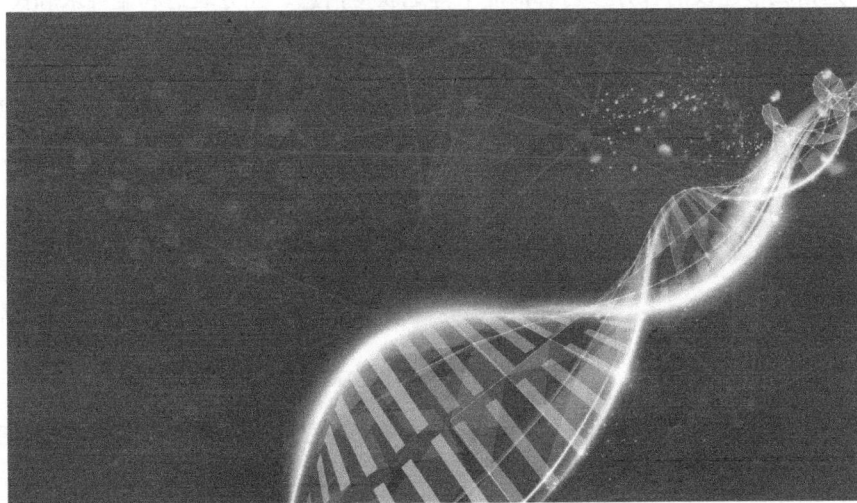

概述

　　随着城市化进程的推进，城市成为人类生产活动的主要载体，因此城市的发展本质上是基于"自然人""法人"的生存发展需求。就"自然人"的需求层次而言，马斯洛于1943年提出了"马斯洛需求层次理论"，该理论将人的需求从低到高依次分为生理需求、安全需求、社交需求、被尊重需求和自我实现需求，并为心理学研究、企业人力资源管理提供了理论支撑。但是，从某种意义上来说，人们的首要需求是安全需求而不是生理需求，人们首先解决的是生死存亡的生存、安全问题，如果生存都无法保证，人们对生理诸如食物、睡眠也不可能有更深层次的需求。城市首先需要解决市民的生存问题，在人为灾难或者自然灾害来临之前，第一要保障城市的生存，包括市民人身安全、市民财产安全、公共设施安全；第二要保障城市的清洁卫生、社会治安、生活便捷、城市噪声污染、雾霾治理等生理诉求；第三要满足各类社区交往活动、公共文体活动、论坛与展会等社交需求；第四要满足被尊重需求，被尊重需求是指城市建设的各方参与者都能平等地获得信息、充分表达利益诉求和民意、社会公平正义、机会均等；第五是自我实现需求，城市应提供各种渠道给城市参与者实现自我价值，达到城市管理者、市民、企业的发展与城市的发展相得益彰，例如提供志愿者渠道、组建行业联盟、提供公益服务。

　　当前城市的发展是以建设智慧城市为主，智慧城市建设离不开需求驱动，类比"马斯洛需求层次理论"，智慧城市建设的需求可分为智慧生存、智慧治理、智慧服务、智慧发展、智慧荣耀5个方面，层层递进，不断推动智慧城市向纵深方向发展。数字孪生理念自提出以来，已在国内"政、产、学、研、用"各界引起广泛关注，成为各地政府推进智慧城市建设的主流模式选择，通过智能技术手段逐渐实现物理城市空间、虚拟城市空间和社会空间的深度融合，三者之间可以互动协同，通过丰富的智能化系统、更智能的城市基础设施的支持，实现更高质量的经济发展，工作生活更方便，城市治理更科学有效，城市环境更绿色宜居，有效地满足智慧城市的发展需求。基于数字孪生的理念推进智慧城市的建设，第一，夯实基础，筑牢通向数字孪生世界的"铁公基"，即新型基础设施；第二，打造优质可靠的大数据体系，提高数据汇集、数据融合、数据服务和数据开放的能力，推动政务、公共、企业数据资源与产业转型、政府治理、城市管理、民生服务等深度融合；第三，在此基础上逐步打造"城市大脑3.0"，以智慧城市运行管理中心为核心，运用模糊搜索、多元数据深度挖掘分析、知识图谱等技术构建城市运行模型体系，实现城市运行多场景融合，为城市全场景服务提供云上一体化解决方案，使城市逐步发展为绿色、安全、高效、可自适应进化的智能生命系统，最终实现未来城市三层空间的美好设想。智慧城市顶层设计的三维模型如图11-1所示。

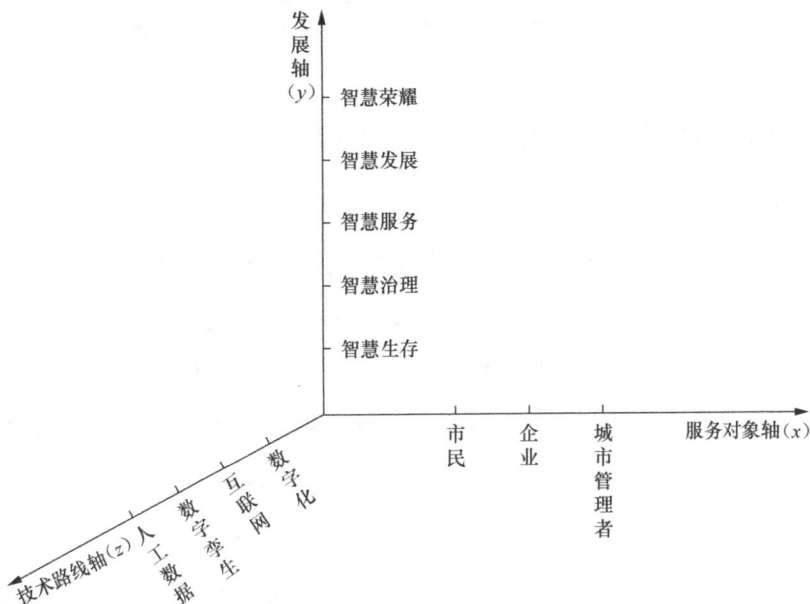

图11-1　智慧城市顶层设计的三维模型

⊗ 基于需求层次理论推进新型智慧城市建设

2008年，IBM公司提出了"智慧地球"的理念，意在通过"互联网+物联网"为各行各业提供便捷的解决方案，但没有提出要基于城市安全开展建设。智慧城市建设需求层次理论属于城市建设的需求层次理论的子集，因此也可分为五大层次。城市建设需求层次与智慧城市建设需求层次如图11-2所示。

图11-2　城市建设的需求层次与智慧城市建设需求层次

智慧城市建设的第一阶段任务：智慧生存

生存是城市发展的前提。如果一座城市在应对各种灾害时难以幸存，则"发展"这个命题就不存在，"智慧"更无从谈起，城市存在的潜在威胁也很广泛，历史上也有不少相关案例。例如，16世纪，印加帝国的库斯科省因西班牙殖民者带去的天花而毁灭；1934年3月21日，日本北海道函馆市住吉町被一场火灾毁灭了；1985年11月10日，阿根廷首都布宜诺斯艾利斯邻近的湖泊Lago Epecuén堤坝崩塌，城市遭遇洪水，直到1993年，全城仍在水底；2013年7月18日，美国底特律这座"汽车之城"正式申请破产保护，从而成为美国历史上最大的破产城市。城市的生存风险包括地理因素影响，例如洪水、城市内涝、地震、泥石流、台风等；大规模传染病的影响，例如新型冠状病毒；人为灾害，例如城市级火灾、大规模食品安全问题、饮用水安全、空气污染等。建设城市需要结合城市所处的地理环境、面临的威胁风险等级等，例如，如果城市处在地震带上，那么建设一套震前预报、震后救援的智慧地震应急系统是十分必要的。而且如何保障地震后通信系统不会立刻中断，并能应用于救援通信也是智慧地震的建设需求。大规模传染病是城市面临的共同威胁，涉及初始发现病例、社区网格化管理、交通管制、公安视频监控、户籍管理、医疗救援、防护设施的供应、隔离管理、舆情管理等多个单元，需要高度协同的疫情智慧应急系统，针对新型传染病的传染性较强的特点，利用疫情智慧应急系统可以快速定位传染源，隔离初始感染者和潜在接触者，遍布于城市的人脸识别视频监控系统是疫情管控的关键环节。

此时智慧城市建设的第一阶段任务完成，形成智慧城市的基础应用系统——城市生存保障系统，包括城市应对各种灾害时的各个子系统，例如疫情控制系统、地震预报与处置系统、大规模水体污染预警与处置系统、高浓度空气污染预警与处置系统等。此阶段采用简单有效的方式保障城市的生存环境，并实现数字化、互联网、数字孪生、人工智能的不断升级。

智慧城市建设的第二阶段任务：智慧治理

城市生存下来才能谈治理。城市的土壤环境、绿化、水体、市容市貌、空气、交通、公共安全、医疗保障、购物环境等公共设施都需要城市管理者开展治理，为市民的吃、穿、住、用、行提供硬件条件，这属于城市规划和市政建设的范畴。智慧治理是在第一阶段城市智慧生存任务的基础上，通过数字化不断优化城市大环境。从各地政府对智慧城市和数字政府的建设理念和定位来看，大多是开展信息化项目，政府需要从提升城市治理体系和治理能力现代化角度来认知。智慧治理分为数字化、互联网化、物联网化3个阶段。在数字化阶段，传统的人工标签、模拟设备模式会被数字化设备取代，只有统一数字制式，才能互联互通；在互联网化阶段，智慧治理会通过协同各部门之间的数字化信息做好相关决策；在物联网化阶段，物联网可以在网络上同步实现物理环境和城市管理活动。

智慧城市建设的第三阶段任务：智慧服务

智慧服务是在智慧治理的基础上为企业提供营商的全流程服务，优化企业的营商环境，为企业提供财税、工商、安全、品牌打造、知识产权保护、人力资源引进等各类便捷服务平台；为市民提供高效、便捷的政务服务，无论市民"漫游"在世界的哪个地方，这种智慧服务会使市民产生城市归属感和认同感；对于城市管理者来说，智慧服务能够为他们提供高效协同的一体化平台，而不用再把精力花在协调各个部门的工作上，城市管理者能有更多的精力去策划更先进的城市管理思路，加快响应速度，提升服务水平。

智慧城市建设的第四阶段任务：智慧发展

只有城市中的企业融入当地产业，通过政府引导创新发展，为当地贡献更多的就业、财税，带动当地产业链上下游企业，才能为城市带来持续的发展动力。对于城市来说，智慧发展需要产业集群、工业互联网、产业互联网的支持，从而吸引更多的世界500强企业、民营100强企业入驻。对于政府来说，很多服务并不一定需要大包大揽，更多的是要明确发展理念，做好引导服务，让更多的社会企业参与智慧城市的建设，智慧服务会衍生出更多的社会需求，进一步拉动智慧发展。政府在智慧发展中应该鼓励社会企业多参与，营造公平的竞争环境。对于市民来说，从教育、就业等方面获得社会供给，这需要更多的智慧化系统来拉近城市与市民的距离，让每个人都能通过平台找到自己的发展路径，解决就业问题只是其中一个环节，中高层人才的信息化管理也是城市可持续发展的关键要素。对于城市管理者来说，从"数字城市""无线城市""光网城市""互联网+城市""数字孪生城市"到"城市大脑"，这是一条智慧城市软硬件发展的主线，找到发展主线才能实现城市智慧发展。

智慧城市建设的第五阶段任务：智慧荣耀

当人、企业、城市实现了充分自由的发展，实现了自我价值，每个人、每个企业的发展潜力与城市的发展完美融合，并且在发展过程中带动周边城镇、周边经济的发展，这种被模仿、被强吸引的能力就实现了城市的智慧荣耀。处于这个阶段的城市彻底实现了数字孪生城市、人工智能城市，人力资源成了稀缺资源，未来城市的自由发展是建立在人工智能上的，需要高效率、高质量、安全、节能、环保的运营，目前全球还没有哪个城市能做到这种程度。当前的"城市大脑"严格意义上不是人工智能，仍然属于城市发展的第二阶段，是治理城市交通拥堵的智慧交通系统。以交通为例，在城市的智慧荣耀发展阶段，交通完全基于AI的无人驾驶、智能网联汽车，路口交通甚至不再需要红绿灯管控。

智慧城市建设的等级理论新愿景

智慧城市的建设周期虽然已有十余年，但还非常短暂，智慧城市的建设还在不断的试错中摸索前进，如果有一套演进路径就可以减少试错成本。基于此，我们把智慧城市的发展分为5个等级，智慧城市星级评价见表11-1。

表11-1　智慧城市星级评价

建设等级	星等	级别	关键的智慧城市系统工程
1星级智慧城市	★	生存级	自然灾害应急处置系统、疫情应急防控系统等
2星级智慧城市	★★	治理级	智慧环保、智慧医疗、智慧交通等
3星级智慧城市	★★★	服务级	智慧政务、智慧人社、智慧工商等
4星级智慧城市	★★★★	发展级	智慧教育、工业互联网、产业互联网、数字孪生城市
5星级智慧城市	★★★★★	荣耀级	各产业普及AI

- 1星级智慧城市。城市在应对自然灾害、大规模传染病等场景下，具有较强的敏捷性，使生活在城市中的人们的损失降低到最小。例如，如果城市突然暴发传染病，那么它能做到及时隔离病例不至于蔓延到全市甚至全国。如何从智慧城市的角度应对疫情，需要城市通过智慧生存系统保持城市的正常运作。

- 2星级智慧城市。城市在交通、大气、社区治安、生活物资供应等方面实现治理的数字化、互联网化、平台化，应用于各类垂直行业管理，实现了现代工业化。

- 3星级智慧城市。在城市治理的基础上，城市为市民、企业服务，达到政通人和。城市有独特的文化个性和服务体系，市民的归属感增强。城市有一系列的服务平台，利用移动互联网和物联网开展服务。

- 4星级智慧城市。人尽其才，物尽其用，互联互通，城市处在高质量、相对中高速增长的快车道，数字经济高度发达。

- 5星级智慧城市。实现AI城市，相对于数字经济时代，工业时代的工作量基本由AI完成，数字经济时代有50%的工作由AI完成。物质财富丰富，人们摆脱物质限制，实现自由自主生活。

城市的进化：IT城市—DT城市—AI城市

城市的IT—DT—AI演进如图11-3所示。

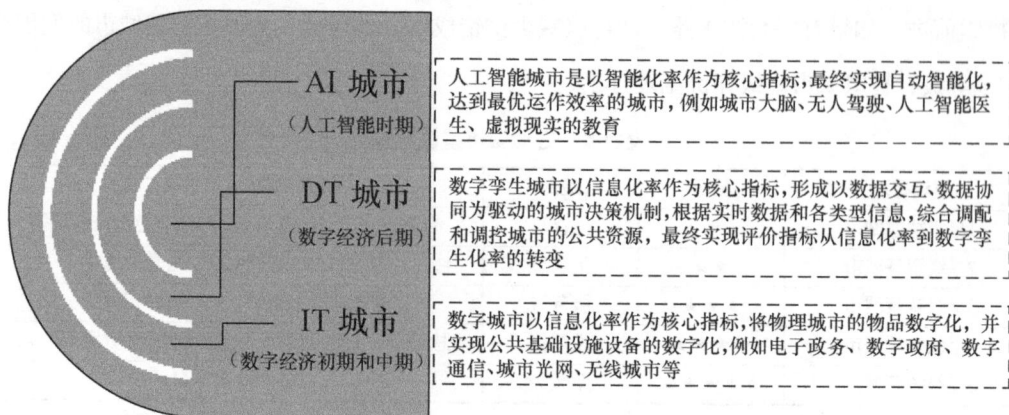

AI 城市
（人工智能时期）

人工智能城市是以智能化率作为核心指标，最终实现自动智能化，达到最优运作效率的城市，例如城市大脑、无人驾驶、人工智能医生、虚拟现实的教育

DT 城市
（数字经济后期）

数字孪生城市以信息化率作为核心指标，形成以数据交互、数据协同为驱动的城市决策机制，根据实时数据和各类型信息，综合调配和调控城市的公共资源，最终实现评价指标从信息化率到数字孪生化率的转变

IT 城市
（数字经济初期和中期）

数字城市以信息化率作为核心指标，将物理城市的物品数字化，并实现公共基础设施设备的数字化，例如电子政务、数字政府、数字通信、城市光网、无线城市等

图11-3 城市的IT—DT—AI演进

IT城市

IT城市即数字城市，以信息化率作为核心指标，将物理城市的物品数字化，并实现公共基础设施设备的数字化，例如电子政务、数字政府、数字通信、城市光网、无线城市等。当前绝大部分智慧城市建设采取的还是边做行业信息化、边进行横向整合以及业务协同的方式，一些新城新区则吸取经验，先集约打造云计算中心、运营中心、大数据平台等基础设施和共性能力，再开发建设行业应用系统。

DT城市

数字孪生城市以信息化率作为核心指标，形成以数据交互、数据协同为驱动的城市决策机制，根据实时数据和各类型信息，综合调配和调控城市的公共资源，最终实现评价指标从信息化率到数字孪生化率的转变。数字孪生城市示意如图11-4所示。

以数字孪生理念支持未来城市进化，通过智能技术手段逐渐实现物理城市空间、虚拟城市空间和社会空间的深度融合，三者之间可以互动协同，通过丰富的智能化系统、更智能的城市基础设施的支持，实现经济更高质量的发展、更方便的工作生活、更科学有效的城市治理、更绿色宜居的城市环境。城市将逐渐具备越来越强的推演预测和自动决策干预的能力，可以自动预测并干预未来绝大部分可能出现的问题，需要人为干预的地方会逐渐减少，城市可以持续升级进化，为建成网络强国、制造强国、数字中国和智慧社会奠定坚实基础。数字孪生城市技术架构如图11-5所示。

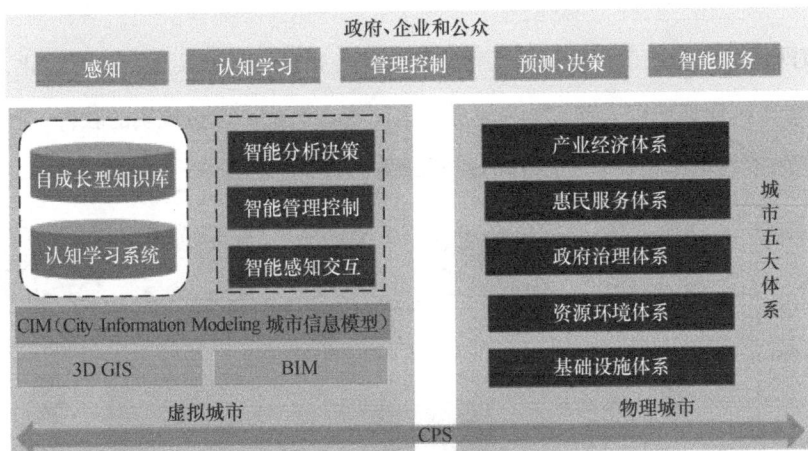

图11-4　数字孪生城市示意

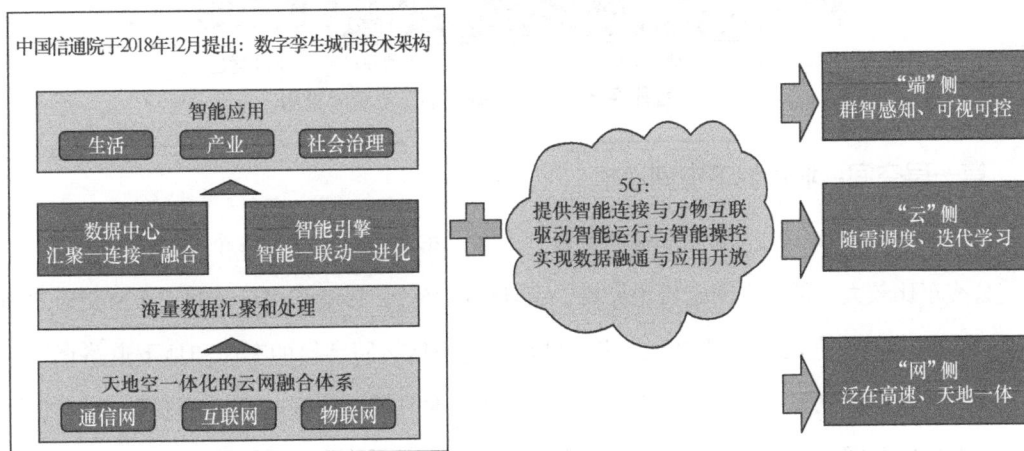

图11-5　数字孪生城市技术架构

数据的汇聚共享是数字孪生城市建设的前提，需要抓紧构建并逐步完善以数据开放、数据产权、数据保护、数据流动等为基础的数据法律体系，构建以静态数据为基础的数据产权制度和以流动数据为基础的数据流动制度；把握时机，积极参与跨境数据流动国际规则的制订，加强与国际规则的对接与协调；围绕推动数据采集汇聚优质高效、加速数据融合共享综合服务、强化数据开放应用3个方面强化数据驱动，打造优质可靠的大数据体系。

AI城市

AI城市即人工智能城市，是以智能化率作为核心指标，最终实现自动智能化，打造最优运作效率的城市，例如城市大脑、无人驾驶、人工智能医生、虚拟现实的教育。

智能经济时代的AI城市的三层空间设想如图11-6所示。

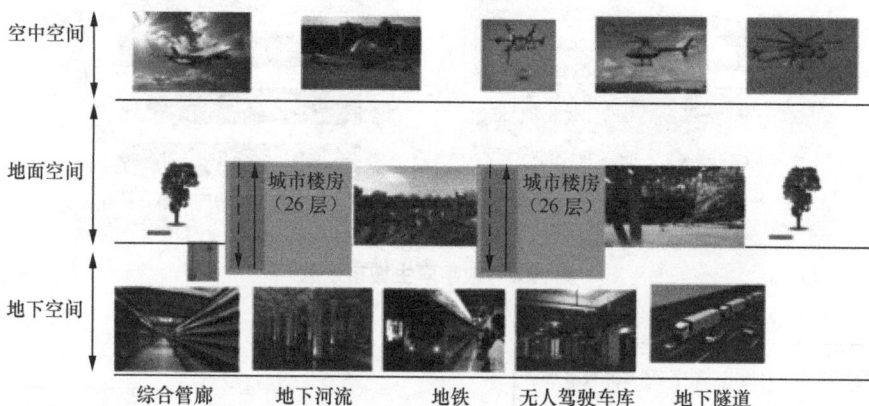

图11-6　智能经济时代的AI城市的三层空间设想

第一层空间：城市地下空间设想

随着科技的进步、无人驾驶车辆的普及，未来，车辆也许仅仅是一个个交通"细胞"，传统公交车比较大，需要有固定位置停靠，而且逢站必停，影响了出行时间，未来交通"细胞"可以载着人们直接到达目的地。未来城市住宅小区、写字楼的车库和地下道路直接相连，无人驾驶电动汽车直接停在车库，人们计划出行时只需要预订一下时间即可，或者定期预订一个固定时间段出行，电动汽车在地下交通路线中无须等待红绿灯就可以直接到达写字楼下面的车库、学校的泊车处等。地铁旁边可以建设地下车库，让地铁、高铁车站、机场与地下无人驾驶汽车无缝对接。没有交叉路口、没有红绿灯，无人驾驶汽车的行驶路线自动联网，城市道路拥堵问题也得到了解决。各种管道建设都可以与地下道路建设同步，慢慢消除马路拉链现象。雾霾问题、车辆噪声问题也能得到改善。

第二层空间：城市地面空间设想

随着道路转入地下，地面就不需要那么宽的马路，人们只需要简单的自行车道、运动道路，节省下来的区域可以建设更多的楼宇，这样城市就不需要建设摩天大楼，地面可以建设更多的公园、绿道、自行车道、跑步运动道。节约下来的地面水泥、柏油等材料还可以二次利用投入地下空间，人们从地面空间通过类似地铁入口走到地下站台，乘坐无人驾驶汽车。

目前城市布满了高楼大厦，地面机动车道路占用了很多的城市空间，人们的户外活动公共空间有限，随着这些挤占地面空间的交通设施转入地下空间，未来地面会有更多的运动场地。

第三层空间：城市空中空间设想

未来的建筑或许需要利用好楼顶，现在发达城市的写字楼、大型医院的楼顶有些设置了停机坪。随着飞行汽车的进步，以后飞行汽车可能会小型化，可以直接停在楼顶，城市需要的紧急支援车辆，例如急救车、消防车、警车未来可能采取直接飞到楼顶的行驶方式。现在发生火灾时，消防车辆的高度有时无法达到发生火灾楼层的高度，我们可以开发一种无人驾驶的消防飞机，它能更快地到达有火灾的地方，甚至可以盘旋在城市上空随时待命。物流快递可以通过微型无人机直接投递到楼顶，楼顶在大楼建设时就可以安装有存储功能的云柜，由小型机器人将快递放到云柜中，收件人在接收到信息提示后到楼顶取快递，而无须到物业或其他地方取快递，物流速度得以加快。另外，外卖送餐、牛奶投递、报刊投递都可以采用这种模式。

第十二章

基于技术经济演进论的企业发展

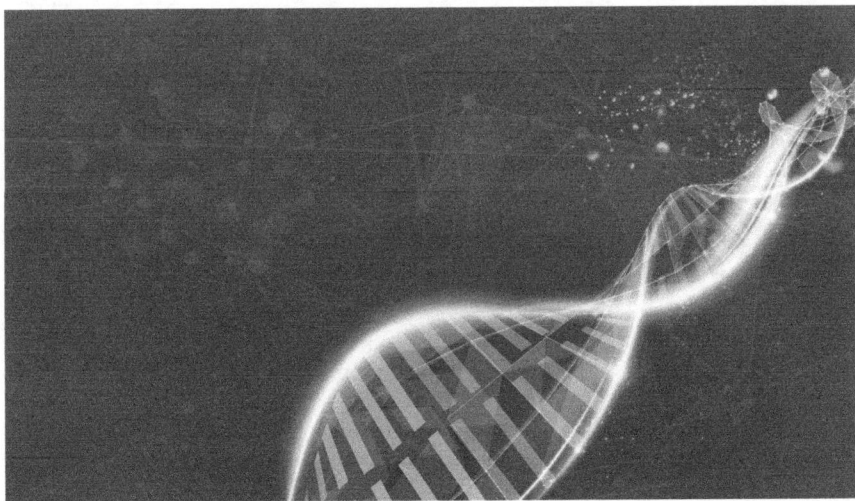

概述

企业是社会发展的组织细胞，国家政策、省域政策、城市发展最终都会体现在企业上，我国有3000多万家在营企业，企业良性发展、不断壮大才会增加就业岗位、投资以及市场容量，因此在数字经济乃至智能经济时代，企业能否相时而动，遵循技术经济演进发展的规律进行持续创新，这关乎每家企业的存亡与效益好坏。

以下内容将从共性的层面探讨作业协调和管理智慧化如何持续创新，数字经济时代的组织结构如何变革以及面向智能经济时代如何打造企业的核心价值链。

企业在追寻作业协调和管理智慧化的道路上持续创新

企业在追寻作业协调和管理智慧化的道路上不断演进，在不同技术经济时代的生产辅助手段和管控手段的表现方式有所不同，在同一技术经济时代的不同演进阶段中，生产辅助手段和管控手段的表现方式也有所不同。企业在不同技术经济阶段的总体演进路线如图12-1所示。

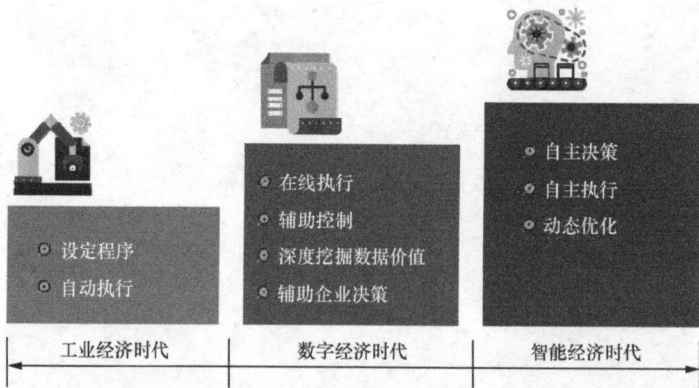

图12-1　企业在不同技术经济阶段的总体演进路线

总体上，在工业经济时代，企业主要实现的是生产自动化；在数字经济时代，企业主要实现数字系统应用和基于网络的在线执行，并逐渐演进到深度挖掘数据价值，以及辅助企业决策；在智能经济时代，企业将借助人工智能、深度分析算法等技术辅助，实现企业的自主决策、自主执行和动态优化。

在不同技术经济时代，企业不仅依靠技术来实现生产效率的提高和管理能力的提升，还会得出与生产管理相匹配的不同的管理理论。例如，工业机械化发展阶段诞生了泰勒的科学管理理论；数字经济初期诞生了钱德勒的规模和范围经济理论；随着互联网的广泛应用和发展，丰田公司的精益生产管理模式也逐步受到人们的追捧；在大数据技术应用出现之后，企业级大数据应用和企业级数据治理也逐步兴起，得到企业更多的关注。企业管理演进路线如图12-2所示。

泰勒的科学管理理论　　　　　　　　　　丰田公司的精益生产管理模式

—— 工业经济时代 ——　　—— 数字经济时代 ——　　—— 智能经济时代 ——>

钱德勒的规模和范围经济理论　　　　　　企业级大数据的兴起

图12-2　企业管理演进路线

在数字经济时代，企业仍在不断尝试转型创新。当前，企业主要围绕"数字化创新"和"智慧化运营"两大方面构建核心能力，两大能力相辅相成，共同演进，联合推动企业实现业务转型。数字经济时代企业围绕转型升级构建核心能力如图12-3所示。

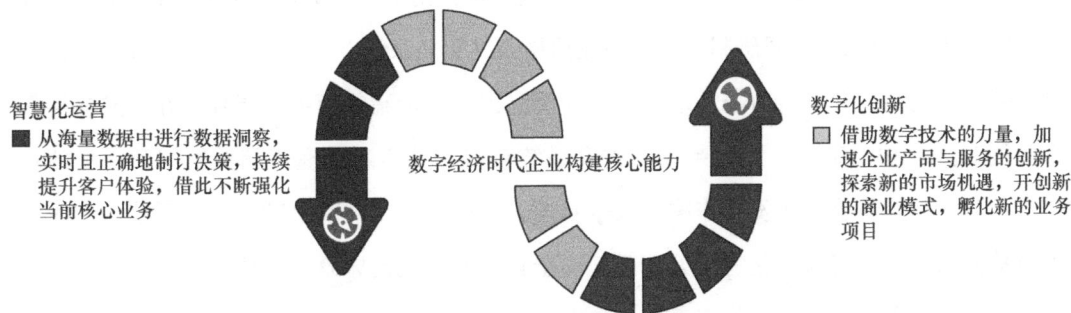

智慧化运营
■ 从海量数据中进行数据洞察，实时且正确地制订决策，持续提升客户体验，借此不断强化当前核心业务

数字经济时代企业构建核心能力

数字化创新
□ 借助数字技术的力量，加速企业产品与服务的创新，探索新的市场机遇，开创新的商业模式，孵化新的业务项目

图12-3　数字经济时代企业围绕转型升级构建核心能力

在创新进化过程中，不乏有些企业失败了。企业转型创新失败的案例如图12-4所示。

诺基亚
没有抓住互联网阶段固定互联网向移动互联网转变的发展机会导致从兴盛到落后

柯达
没有抓住模拟向数字的转变机遇导致被渐进淘汰

戴尔
没有建立互联网生态导致发展转型缓慢

图12-4　企业转型创新失败的案例

基于技术经济演进论的企业创新发展建议

典型企业

典型企业包括矿业企业、渔猎企业、农业企业、工业企业，企业需要将技术经济演进论的持续创新与颠覆式创新相结合，例如对书中不同技术经济形态的演进进行分析，找到企业自身所处的演进阶段，并知晓发展方向，最终实现融合创新发展的目标。

我们可以从头部企业的创新探索来寻求启示。瑞典LKAB公司在开矿、采矿、钻孔、爆破、矿石远程装载、矿石运输等阶段，基于工业自动化技术创新、数字及网络能力应用、智能机器人应用等，打造矿产采集过程中的技术应用融合创新，不断提升企业的生产能力和经济效益。日本SASEBO公司研制了一套渔业捕捞人工智能系统，实现对特定环境渔业资源存量的智能化测算，并结合市场需求分析，为渔猎区域、渔猎规模提供指导，在提升捕捞效率的同时为保护渔猎生态提供帮助，这套系统获得了日本远洋渔猎相关组织和人员的欢迎。荷兰迈特莱特公司研发了作物生长全自动巡检机器人、叶菜自动化水培系统、潮汐式种植地面系统、花卉自动化物流处理系统、全自动潮汐式苗床系统、温室内部无人驾驶运输车、Mtrack地磁线自动化物流系统、自动化果菜包装系统、花卉蔬菜及果木的先进组培系统、花木蔬菜的自动化播种厂、植物工厂等产品，在当地很受欢迎，这些产品提升了企业的核心竞争力。中国图为信息科技（深圳）有限公司专注工厂设计和IT技术，从底层数字化技术做起，开发工程三维图形网络引擎软件（T-3D），以三维模型为载体集成各类数据资料，提供可视化工作模式，并在此基础上，继续研发出T-Plant三维数字化工厂信息管理平台，支持数百人同时在线并支持无限项目扩充，内置工业数字化交付标准，支持二次开发应用，满足使用者的个性化需求。目前T-Plant三维数字化工厂信息管理平台已被广泛应用于电力、石化、生物制药等流程工业，不到3年的时间，中国图为信息科技（深圳）有限公司实现了企业业绩的迅速攀升。

我们基于技术经济演进论，为典型行业的企业开展持续创新与颠覆式创新提供融合方向的建议。典型经济形态中的企业创新建议如图12-5所示。

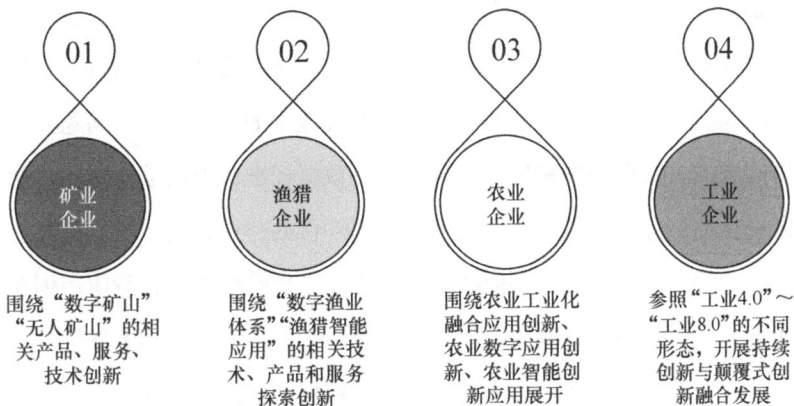

图12-5　典型经济形态中的企业创新建议

矿业企业应参考采集经济在不同技术经济发展阶段中展现出来的不同形态，利用数字化感知和互联化流通手段，构建"数字孪生矿山"，并最终向"无人矿山"发展，相关企业可以围绕企业自身所处的行业链条，围绕"数字矿山""无人矿山"打造相关产品和创新服务。

渔猎企业可以围绕"数字渔业体系""渔猎智能应用"的相关技术、产品和服务探索创新。

当前农业技术经济演进相对较慢，农业演进发展的潜力巨大。农业企业的创新可围绕农业工业化融合应用创新、农业数字应用创新、农业智能应用展开，提供不同的服务模式、不同的应用场景创新。

工业企业可参照工业数字化、工业互联网、工业数字孪生、工业通用人工智能、工业专用人工智能不同阶段的不同形态，开展持续创新与颠覆式创新融合发展。

其他企业

基于技术经济演进论的规律，并结合公开资料上相关咨询专家对于企业转型成功案例的经验总结，我们建议企业及其领导应从5个方面入手：第一，意识到社会技术经济发展是演进的，要以变革的眼光看待问题；第二，关注客户的个性化需求，基于当前的技术手段，打造活性客户关系；第三，围绕企业所处产业链的生态合作思维贯穿始终；第四，以数据为驱动，构建企业数据基础；第五，匹配管理需要，打造动态组织。

企业可以通过"采—存—通—用"的实施路径，实现业务数据化运营。企业业务数据化的路径如图12-6所示。参考阿里云等服务商在助力企业业务数据化运营过程中的经验总结，即从解决能耗问题、工业参数优化问题、生产经营过程中的故障等具体问题开始，逐步实现针对解决具体问题的关键数据的采集、存储，统一数据标准，形成数据地图，制订数据管理办法，对数据进行挖掘分析，继而完成企业级数据平台的建设，便于企业内部业务的管理创新，实现企业生产线、质量管理、供应链采购、物流管理等数据的智慧应用创新，完成对内大数据平台建设，方便内部业务基于数据集中的智能创新，在此基础上继续扩展至企业外部服务，围绕企业生态最终实现数据业务化，即实现数据运营业务的开展，完成大数据平台对外服务的改造升级。

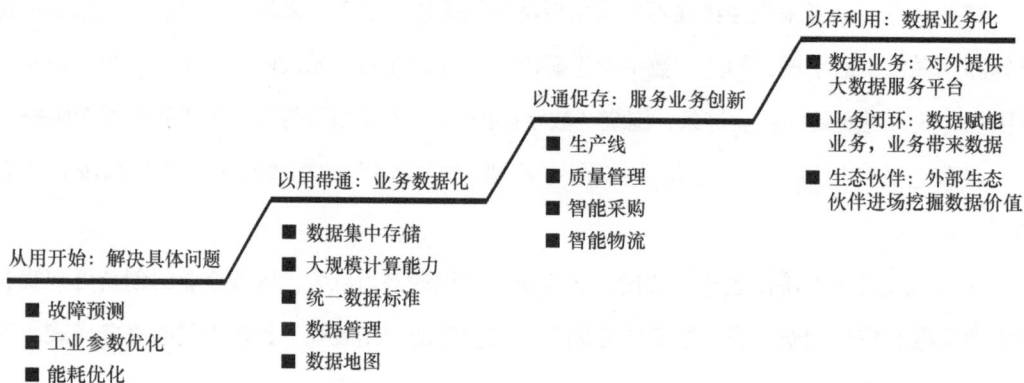

图12-6　企业业务数据化的路径

　　围绕数据与智能分析应用，企业在数据运营过程中可能会产生数据多源融合、数据标准统一及运作规范、数据挖掘算法、数据揭示指标等具体问题，在此过程中，企业需要从自身核心价值链出发，提前做好顶层规划设计，构建企业级数字基础。基于核心价值链，企业解决数据运营主要问题的过程如图12-7所示。

图12-7　企业解决数据运营主要问题的过程

　　企业基于工业互联网平台，可推进智能制造逐步实现。通常，企业级制造赋能的路径如下：首先实现基于生产流程和生产要素的基础数字化，其次实现基于企业内部的信息管理和系统操作，并逐步统一聚合资源，消除"信息孤岛"，进而联通企业前向客户和后向供应商，构建产业链数据信息，最后随着企业级数据体量规模的扩大和云网技术的融合发展，企业逐步云化，企业必须更加专注自身核心能力的创新赋能。随着企业数字孪生的基础建设逐步完善，以及智能经济阶段的到来，企业基于智能算法分析和人工智能的应用服务将渗透到企业生产和管理的各个环节，社会级产业生态将成为企业开展业务的主要模式。

　　基于工业互联网平台，企业转型升级可以从3个层面推进：第一个层面是"内通"，智能工厂实现生产效率提升；第二个层面是"外联"，实现价值链延伸；第三个层面是构建产业"生态"，实现平台化运营。"内通"是指企业内部互通，转型主要从生产效率的提升方面切入；"外联"是指企业业务的外部服务价值延伸，实现企业内外部的互联互通，实现管理的辅助决策应用；"生态"是指企业基于平台化运营，实现面向产业生态的企业能力。不同企业可以根据自身现状，从不同层面发力，实现基于企业本身特征的转型升级。推进企业智能制造的路径如图12-8所示。

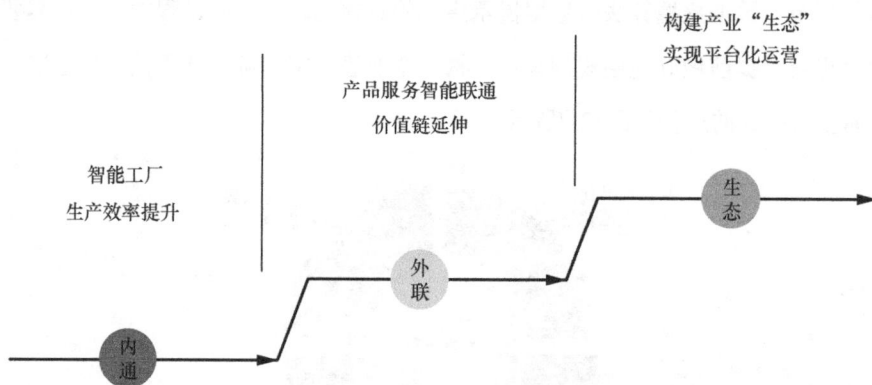

图12-8　推进企业智能制造的路径

企业基于数字孪生和人工智能技术可成为智慧企业。当然，成为智慧企业并非是当下所有企业的目标，企业在转型升级时应在宏观层面上判断所处行业的技术经济发展阶段，以及产业的未来发展形态。企业应分析所在的技术经济演进阶段，同时结合企业的成本效益分析、投资发展战略等，选择合适的转型升级策略，参照不同技术经济阶段的演进形态，以及演进路径进行适时探索。智慧企业的主要特征如图12-9所示。

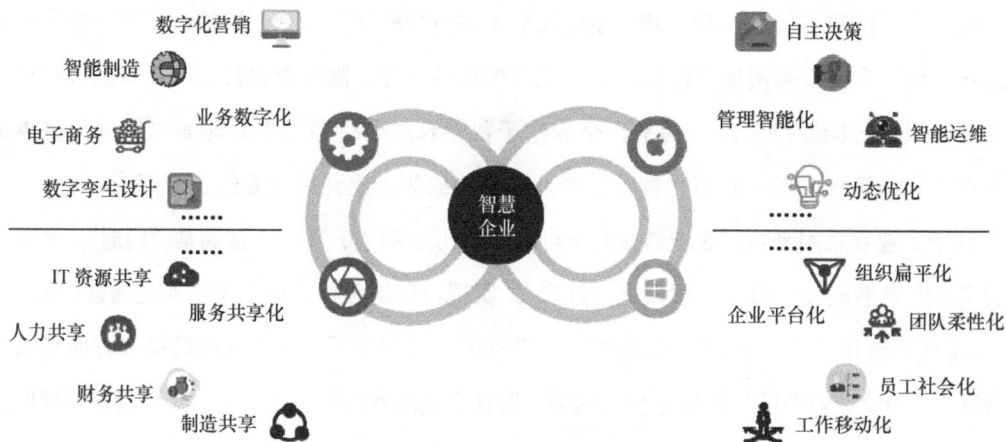

图12-9　智慧企业的主要特征

数字经济时代企业组织架构变革

　　我国把发展数字经济作为经济转型、构建新型国家治理体系、建设网络强国、扩大就业的重要战略举措。国内外学者关注较多的是互联网对企业组织架构的影响，而鲜有提及数字经济对企业组织架构的影响。《面向互联网时代的组织架构、运行机制、运作模式研究》一文中提出，基于复杂科学管理角度，将组织看作一个会思考的大脑，整体运作过程会带来"无边界的网络化组织架构"；《大数据时代组织管理信息化架构的重构及其策略》一文中提出了分销资源管理系统的概念和应用策略：在深入分析传统信息化架构的应用局限之后，提出运用数据驱动的思想重构信息化架构使其适应组织内部和外部的互动关系，用新型信息化架构支撑组织运作融入大数据时代，实现可持续发展。以上文章都强调了数据、信息的价值，强调顺应互联网精神的开放、合作、协同，具有很强的借鉴意义，但是对于数字经济时代中的企业应搭建怎样的组织管理架构，并没有给出实际可操作的指导，企业应如何从基于工业时代的经典管理理论中发展新的组织架构？两者如何过渡？过渡的理论基础是什么？工具是什么？变革演进的路径是什么？本节尝试对以上问题给出答案。

传统组织管理理论已经不适应数字经济大环境

　　工业时代蒸汽机、电气设备、内燃机的大规模使用，推动了生产效率的提升，大规模工业企业、工厂需要相应的管理学理论、管理体系与方法，当前的企业组织管理理论是建立在工业时代泰勒的科学管理、法约尔的过程管理等理论基础上的。工业时代的企业组织强调的是决策、组织分工的重要性，信息总是先从决策而起，然后分解到执行层，最后由各司其职的执行层安排到操作层，是垂直线性的过程，依靠的是人对信息的垄断形成了等级分明的组织结构和管理方式，最典型的方式是以职能管理部门、业务生产部门进行划分的。

　　随着人类文明从工业经济时代走向数字经济时代，人们的生产方式和生活方式发生了重大变革，那么在数字经济时代是什么决定了组织架构，有的观点认为"基于微电子的IT技术是推动组织架构变革的力量"，有的观点认为"大数据的应用推动了组织理念和组织架构的变革"。我们查看大部分国内企业的网站时发现，其展示的组织架构多为传统工业经济时代的职能式形态。工业经济时代典型的企业组织架构如图12-10所示。

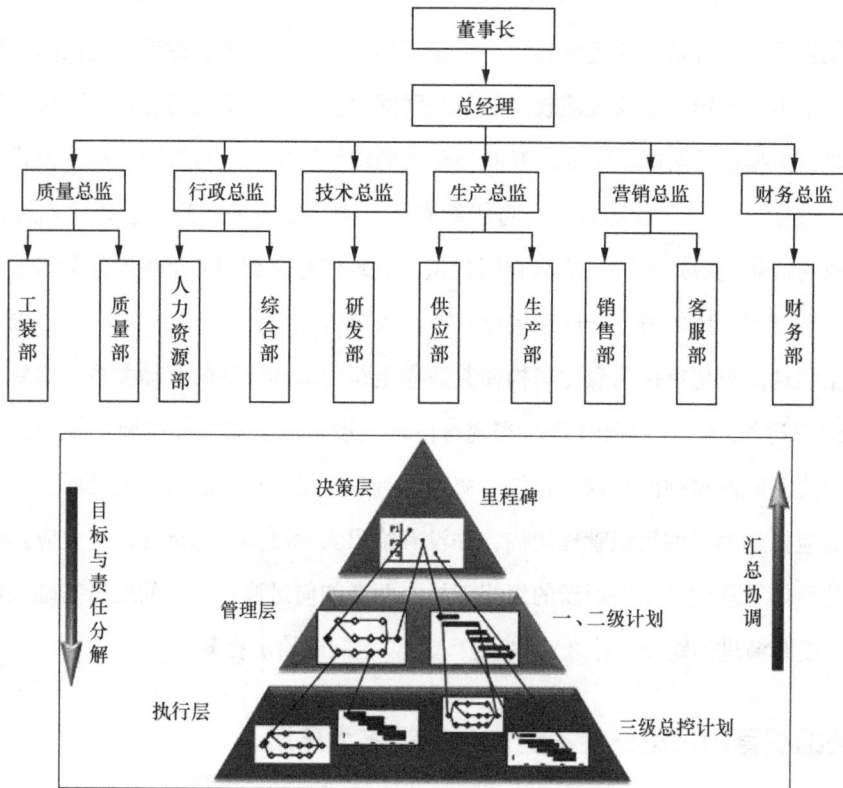

图12-10 工业经济时代典型的企业组织架构

2014年，海尔集团董事长张瑞敏在出席沃顿商学院全球论坛时表示，海尔在2013年已裁员1.6万人，多为中层管理人员，并计划于2014年再次裁员1万人。张瑞敏表示，海尔推动的是"人单合一"管理创新，流水线是服务于传统制造业领域的大规模制造形式，而当前的工业制造形式是大规模定制，因此工业经济时代的流水线一定会被颠覆，职能管理也会被颠覆。海尔认为，科层制组织机构不再适应互联网时代的企业发展，过去是以部门为职能中心，以部门负责人为信息中心。但是未来，每个员工都可以成为一个中心，因此就不需要有那么多执行层面的中层管理人员。海尔的组织管理理念是基于互联网发展的，海尔的组织架构是网状的、自组织的。

从图12-10中我们可以看出，传统工业经济时代的组织架构往往包含3层：决策层、执行层、操作层。决策层主要是由公司董事长、总经理、分管职能部门和生产部门的副总或总监组成，他们是企业组织的最高决策、指挥层；执行层主要是二级部门的负责人，通常为科室（部、办）的科长、部长、主任等；操作层主要是各个部门的普通员工。这种组织架构有时会有事业部、二级科室等，通常为3～5层。

工业经济时代企业组织架构的优缺点介绍如下。

• 决策执行类似军队的军、师、旅、团、营、连，命令层层落实，指令统一，有利于企业集中统一领导，还有利于发挥职能部门的管理特长、业务部门的专业特长。执行层人员大多为社会精英，有利于发挥他们的才能。操作层执行指挥信息，操作简单，有利于开展流水线作业、标准化作业。组织架构稳定、平衡，有利于组织的和谐稳定，发生较大变革的概率低。

• 决策层一般设置了分管职能部门的副总、总监等角色，分管的部门不同、利益不同，则会带来协同困难，信息回路较长，不利于协同调度。

• 执行层之间有很厚的利益隔墙，这种利益隔墙在信息互通、协同合作、矩阵作业情形下反映出的问题非常凸显，造成了"信息孤岛"、小团体、协同能力差等问题。

• 操作层员工归属感差，基本不会站在企业的角度考虑问题，缺乏主人翁意识，不利于开展创新。

• 企业组织架构整体的平衡、"小而美"会带来熵增，不利于在技术快速迭代的环境下快速响应，整体适应外部环境的应变能力差。

海尔实施"人单合一"管理的根本原因也是看到了以上问题，在传统组织架构模式下，企业对客户的响应链条较长，属于被动式响应，而"人单合一"管理模式下，每个员工都可以直接面对客户，创造客户价值，并且在为客户创造价值的过程中实现自身价值。海尔虽然意识到垂直层级化的问题，但是没有意识到本质问题，这种变动的推动力其实是数字经济时代的"数据化""信息化"。"人单合一"管理模式在我国餐饮行业已经得到实施，一个典型的案例就是"海底捞连锁企业"，海底捞员工有权根据服务客户需求的变化现场自主决策，这也实现了企业平台化、员工创客化、客户个性化。海底捞取得巨大成功的原因主要是基于这一模式，发挥了一线员工的主动性和主人翁意识。此外，近年来在我国流行的划小承包、阿米巴等经营管理模式都在一定程度上发挥了一线员工的积极性、主动性，这些管理模式本质上都属于激励措施，是趋同的，是以产品为中心转向以客户为中心。而我们认为，真正要推动变革的是企业的数字经济环境，包括外部宏观环境、内部企业环境，这样才能推动组织架构、经营模式、企业文化整体发生渐进式变革。

当前数字经济大环境影响下的组织架构理论

发达国家工业化后期（20世纪60年代），美国的服务业开始超越工业，服务业的GDP占比达50%以上，工业化基本完成；到2018年，美国服务业的GDP占比达80%以上，此时工业的数字化技术已经进入成熟期。当前组织架构理论的发展有以下两条路线。

一方面，心理学四大假设理论是"经济人假设""社会人假设""自我实现人假设""复杂人假设"。"经济人假设"起源于享乐主义哲学和亚当·斯密关于劳动交换的经济学理论；"社会人假设"最早来自于梅奥主持的霍桑实验；"自我实现人假设"是施恩在总结马斯洛、阿吉里斯、麦克雷戈等人的理论后提出的；后来，施恩在20世纪60年代末至70年代又改变了其原先提出的观点，提出"复杂人假设"理论。这些假设理论的形成为组织管理学开辟了道路，组织架构的建立受其影响较大。无论是哪种假设都与人的物质需求、精神需求、个人信仰、价值观等有关，呈现出个体差异化，在一个组织内部，"经济人假设""社会人假设""自我实现人假设""复杂人假设"4种情形可能以排列组合的模式存在，即"个性人假设"。

另一方面，互联网在20世纪90年代后期大爆发，进入21世纪后，"信息经济""知识经济""互联网时代""计算机时代"等概念越来越多，组织架构也随之调整，衍生出供应商关系管理（Supplier Relationship Management，SRM）、产品生命周期管理（Product Lifecycle Management，PLM）、计算机辅助工艺规划（Computer Aided Process Planning，CAPP）、制造执行系统（Manufacturing Execution System，MES）、企业资源计划（Enterprise Resource Planning，ERP）、客户关系管理（Custom Relationship

Management，CRM）、办公自动化（Office Automation，OA）等，关键的是不同的软件供应商擅长的领域不同，不同软件平台之间的功能互相交叉，不同平台之间的接口不统一也是较大问题，因此通常组织架构也会随着主流软件的维护、使用部门的调整，形成专门的管理组织。虽然有各种社会信息化变革情况，但是总体来说当前数字经济背景下的主要组织架构管理理论有以下几种。

1. 无边界组织理论

无边界组织的概念是由通用公司时任总裁杰克·韦尔奇提出的。无边界组织并非是指组织没有边界，而是要打破固有的科层制管理模式，将僵化的、机械的组织架构转变为灵活的、有机的组织架构。组织的各个部分就像人体的组成结构，看似各自独立工作，实则紧密相连，牵一发而动全身。无边界组织理论认为传统的组织管理模式是围绕着层级架构展开的权利和责任体系，部门隔墙较厚，个人职位决定了其思考方式和维度，不同层级之间的隔阂较大，无论如何强调协同文化氛围都难以改变这种现状，因此提出要打破上下级之间、部门之间、内外环境之间、跨地区之间的边界化现象，引导企业从组织内部进行变革。具体实践该理论的企业模式包括华为公司的"先锋队模式"、万科的"任务导向性组织"、海尔的"人单合一"模式。无边界组织理论的重点体现在基于人的主观能动性，建立在"社会人假设""自我实现人假设"方面，但实际上对于不同企业来说，可复制、可移植性不强，并不是组织架构内的所有人都能响应这种组织模式，实施起来需要各种条件。

2. 扁平化组织架构观点

扁平化是当前组织架构中的常见架构，其主流观点认为随着信息经济时代的到来，为了更好地适应知识的分享、信息的传播，企业组织需要从多层管理架构中解脱出来，形成层级更少的扁平化组织架构，且层次越少，架构越好。这个观点也是基于"自我实现人假设"。

除此之外，还有敏捷组织、云组织、裂变性组织理论，其他组织架构大致都是在以上理论的基础上进行扩展的。

组织管理架构变革的理论基础

1. 系统论视角

系统论是由理论生物学家贝塔朗菲创立的。系统结构决定了功能。系统论认为，开放性、自组织性、复杂性、整体性、关联性、等级结构性、动态平衡性、时序性等是所有系统的共同特征。开放性是指企业处在社会大环境下，只有实施开放才能"熵减"；自组织性是具有自我变革的特性；复杂性不仅仅是组织架构的外部层级形态，更多的是权责、人力、物理、财力资源的分配结构；企业的整体性和关联性是辩证统一的，整体性体现出关联性，关联性也体现出整体性；等级结构性、动态平衡性、时序性等是以发展的角度去考量企业的增长。因此，在数字经济时代，企业组织结构的发展要经过系统性考虑。

2. 陈劲企业创新生态系统

企业创新生态系统是由国内技术创新管理领域学者陈劲博士首创，其主要思想体现在《企业创新生态系统论》中，要点包括在"国家创新系统"（弗里曼、纳尔逊、伦德沃尔等代表性学者）、"区域创新系统"（库克等代表性学者）、"产业创新学"（帕维特、玛拉巴等代表性学者）等理论的基础之上，提出了"企业创新系统"；提出了企业内部核心能力的打造需要平衡外部导向的"企业创新生态系统"建设的核心观点；提出了基于核心能力的"企业创新生态系统"；梳理总结了"基于核心能力的企业创新生态系统"范式。企业始终在"否定之否定"中发展，因此创新是永恒的话题，企业的发展过程就是创新过程。在数字经济时代，如何找到一条让企业核心能力发挥出来的组织架构发展路径是至关重要的，每家企业都可以依据这种模式逐步演进。

3. 企业价值链理论

1985年，美国战略管理学家迈克尔·波特第一次提出价值链分析方法。价值链起初是一种物流模式，逐渐发展为企业的战略工具，价值链是指输入、输出、外部合作、外部市场、企业内部节点、价值链节点企业之间的关系。企业运营的根本目的是创造价值：第一是创造经济价值，因为企业首先要生存；第二是创造社会效益，带来外部性。企业价值链是典型的基于自然辩证法形成的理论。当前很多管理学思想避免不了"唯心主义"，出现了很多企业管理思想，有的是自成体系，有的是诡辩方法，这给企业经营者带来了很多困惑。而价值链理论是基于企业经营过程的，是基于企业经营收入、现金流、社会价值角度的，是简单实用的。无论是对于工业经济阶段、数字经济阶段，还是未来的智能经济型企业来说，都是建立在价值链基础上的运营活动。

4. 数字经济演进三阶段理论

从工业经济走向数字经济，发展不是一蹴而就的，而是分为数字化、互（物）联网、数字孪生3个阶段，这3个阶段在具体行业有明显的演进。不同行业、不同企业、不同地区的发展阶段即成熟度有所不同，而行业之间也存在互相影响的过程，同一行业的前后阶段也存在相互作用的关系。另外，工业经济发展到数字经济，并不是指工业经济消失了，而是整个工业在数字经济的影响下呈现新的形态，工业数字化、"两化"融合、工业互联网、数字孪生工厂等都是表征。因此组织架构的发展也是渐进式的，是在现有组织架构的基础上逐步升级、转型。

5. "个性人假设"心理学假设

企业组织中的员工思想和行为受各种因素的影响，包括受教育程度、知识结构、价值观、性格、身体素质、抗压能力、沟通能力、年龄阶段、个人经济基础等，且受到的影响均有所不同，因此不能用"经济人假设""社会人假设""自我实现人假设""复杂人假设"4种情形中的任何一种情形来解释。在一家企业，4种情形的员工都存在，不能仅仅依靠人的心理因素的不可预知性来指导企业组织架构的变化。企业组织架构是趋向标准化的、不停迭代的，我们需要假设人都是个性化的，让每种人性的假设都能在新型的企业组织架构中找到自己能发挥作用的机会。

6. 徐绪松复杂科学管理理论

我们生活的环境中，线性的、单一因果的关系越来越少，非线性的、复杂的系统关系越来越多，这些复杂关系包括人的不确定行为产生的复杂性，管理系统中各子系统交互作用产生的系统的复杂性，管理系统资源的多样性、异构性及非线性产生的复杂性等；组织是一个能思维的大脑，形成了由1个假设、8个基本原理（观念）、1个思维模式、5个基本理论、1个方法的"18151体系"，随着社会分工越来越细化，每个职能部门有很多小型职能中心，这样的小型职能中心在大型（3000人规模）企业中就有100多个，这100多个职能中心和业务部门团队、员工之间相互作用、相互影响，构成了一个网状的复杂关系模型，这种复杂关系模型之间是多维度的，包括时间维度、地区维度、考核维度、价值维度、信息维度等。此时企业的沟通成本非常高，必须采取降维方法，例如进行数字化转型。

2019年，世界500强企业中，中国有22家民营企业上榜，大部分为1990年之后创立的企业，民营"百年老店"型企业无样本。因此，我们以国外样本IBM公司为例：该公司成立于1911年（美国工业化发展中后期），IBM公司的业务以信息服务为主，最能体现时代的变化，2008年IBM公司进行了组织架构调整，将传统的以产品为导向的架构转变为以客户为导向的架构，从职能式管理架构（1911—1950年）升级为弱矩阵式管理架构（1951—1980年），然后升级为强矩阵式管理架构（1981—2008年），2008年开始逐步向以客户为中心的管理架构转型，依照客户群体对事业部的组织架构进行调整，分为商业企业客户、工业企业客户、消费者等。2019年，世界500强的中国上榜企业中，华为位列第一，也经历了从职能层级式架构、矩阵式架构向以客户为中心的组织架构转变，虽然它表面上看是客户、产品、区域三维的复杂矩阵，但实际上是基于信息化措施，已实现以客户为中心的响应机制。目前华为的事业方向主要是运营商客户、企业客户、消费者客户三大类，并从IBM公司引进了业务领先模型（Bussiness Leadership Model，BLM）、集成产品开发（Integrated Product Development，IPD）研发模式，华为的流程型组织建设从1998年与IBM公司合作集成产品开发起步，一直持续到2008年。2009年后，华为的组织建设进入了一个新的阶段，即以"一线呼唤炮火"为标志的流程型组织建设。

可以看出，随着数字经济的演进发展，企业组织架构也在不断演进发展，为了避免熵增，企业不断调整架构、吸收能量，展现新的功能：从以传统的"自上而下"的层级架构为主，逐步兼顾"自左向右"的项目矩阵型架构到最新结合数字经济模式的"自左向右"为主的流程型组织架构。

从工业经济向数字经济演进的组织架构的4个阶段

企业组织架构演进将经历4个阶段：层级式职能管理模式（工业经济阶段）、弱矩阵式项目管理模式（数字化阶段）、强矩阵式项目管理模式（互联网阶段）、流程式管理组织架构模式（数字孪生阶段）。

1. 企业管理组织架构1.0阶段：层级式职能管理模式（工业经济阶段）

在工业经济时代，以泰勒的科学管理理论为代表，企业采取的是标准化操作工艺、生产线的操作流程，绝大部分工业型企业为制造型企业，它们都从小型企业开始做起，二级部门组织一般分为采购科、生产科、销售科、人事科、财务科、综合科等，随着业务的增长和产品线、产品型号的多元化，生产科会分化出生产1科、生产2科等三级部门，这种组织架构是线性的、垂直的。随着销售业务的扩大，企业组织架构还会增加销售区域，进行三级部门划分。因为生产制造的产量与固定成本和可变成本相关，企业的产出必须要达到盈亏平衡点，所以组织管理活动大多是单向的，此时企业的管理模式还是"自上而下"的指令模式。工业经济时代的典型层级式职能管理模式组织架构如图12-12所示。

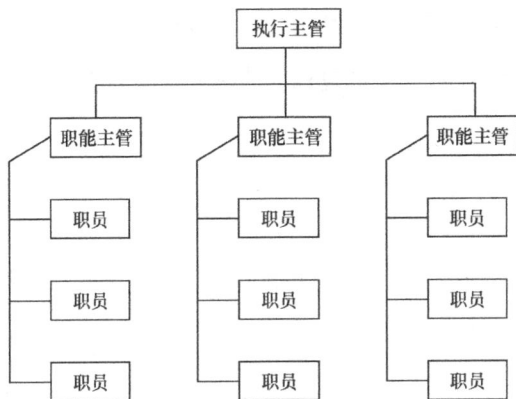

图12-12　工业经济时代的典型层级式职能管理模式组织架构

2. 企业管理组织架构2.0阶段：弱矩阵式项目管理模式（数字化阶段）

随着企业规模发展、企业经营多元化等，企业开始扩大管理层级和管理幅度，此时生产设备开始向数字化设备方向更新，企业已经不是单纯地引进生产线进行简单的产供销，新型的数字化任务、项目类型增多，涉及企业的多个部门，传统管理模式很难推进工作。因此企业开始实施"自左向右"模式，打破了原有的条块分割。此时的项目经理没有实际的团队，对团队成员没有实际的考核权，只是代表公司的横向整合者。项目经理更像是协调者，而不是管理者。

3. 企业管理组织架构3.0阶段：强矩阵式项目管理模式（互联网阶段）

随着社会进入互联网时代，消费者掌握了更多的市场信息和产品信息，消费市场进入买方市场阶段，企业各个部门之间的联系越来越紧密、协作越来越频繁。企业发展来自业务端、市场的力量传导直接被一线人员接收，然后传递到企业的各个部门，由具体的线条负责人协调人力、物资、财力、市场和行政资源，最终形成牵一发而动全身的管理效果。

4. 企业管理组织架构4.0阶段：流程式管理组织架构模式（数字孪生阶段）

企业管理组织架构向4.0阶段迈进，形成以外部客户需求输入为导向，以企业价值链为动态管理基础，以众多的扁平化智能中心（非职能部门）为网状支撑，开放创新式、"自左向右"的组织架构，虽然企业对外分为"事业部""大区""研发中心"等，但实际上，客户在数字经济时代已经掌握了话语权，员工利用合理的数据分析结果推翻来自企业高层领导的直接经验判断时，可直接导致企业在发展过程中的决策权重的改变，形成自由、开放、创新的企业氛围。

第十三章

基于技术经济演进论的新基建创新方向

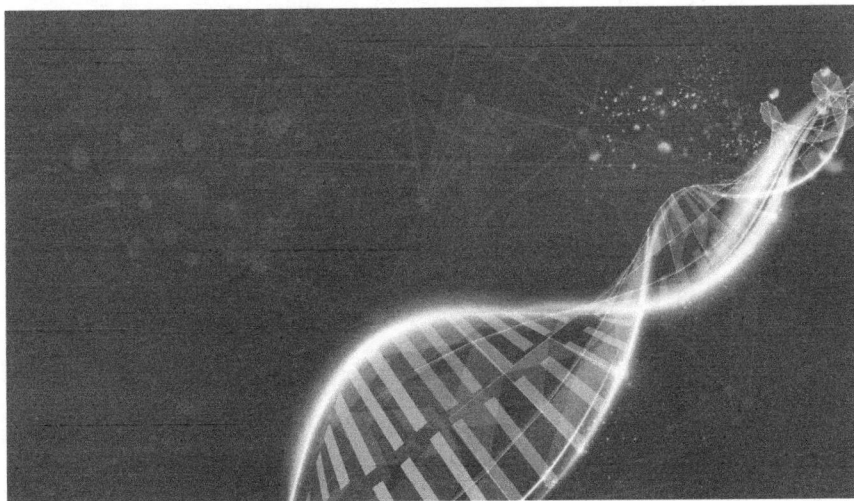

⊗ 新基建的来龙去脉

新基建即新型基础设施建设。新基建概念、范畴逐步成形的路线如图13-1所示。

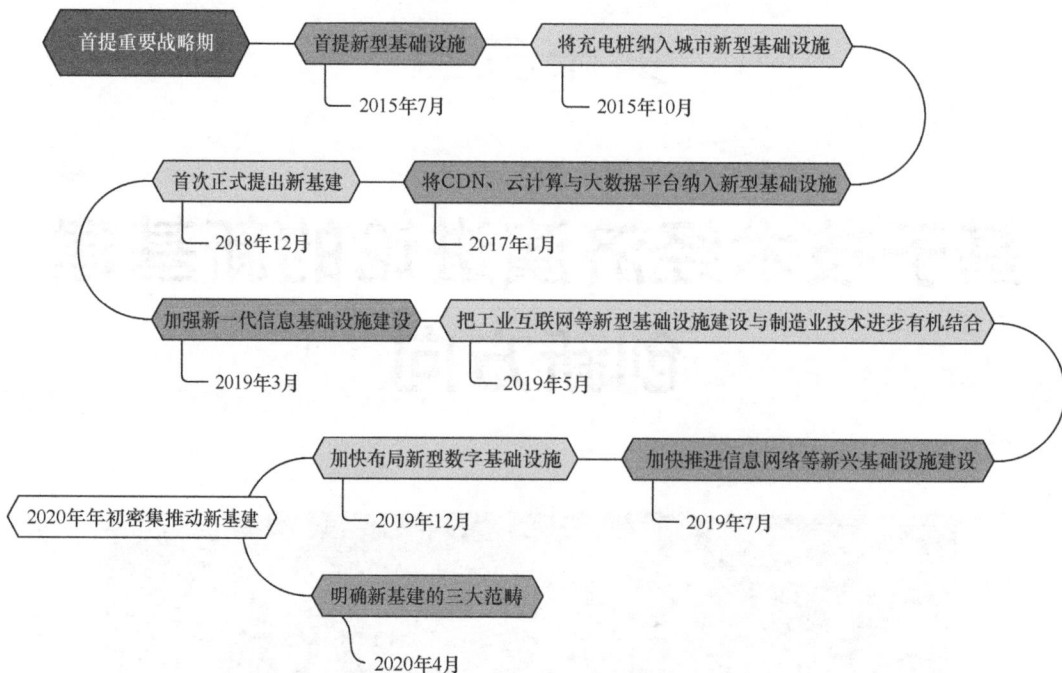

图13-1　新基建概念、范畴逐步成形的路线

新基建的酝酿期（2015—2019年）

我国作为发展中国家具有较强的后发优势，首次提出"我国发展仍处于并将长期处于重要战略机遇期"这一论断的会议是2002年11月8～14日召开的中国共产党第十六次全国代表大会。其中提到，新科技革命方兴未艾，为发挥后发优势、争取实现生产力发展的跨越提供了可能。2007年10月，党的十七大报告正式将信息化列入"五化"之中，并提出"两化"融合概念，即信息化与工业化融合，走新型工业化道路。

- **2015年我国首提新型基础设施。**2015年7月，国务院发布了《国务院关于积极推进"互联网+"行动的指导意见》，提出要推动固定宽带网络、新一代移动通信网和下一代互联网加快发展，使物联网、云计算等新型基础设施更加完备。

- **2015年，我国政府将充电桩纳入城市新型基础设施。**2015年10月，《国务院办公厅关于加快电动汽车充电基础设施建设的指导意见》印发，该意见提出充电基础设施是指为电动汽车提供电能补给的各类充换电设施，属于新型城市基础设施。

- **2017年，我国政府将内容分发网络（Content Delivery Network, CDN）、云计算与大数据平台纳入新型基础设施。**2017年1月，中共中央办公厅、国务院办公厅印发《关于促进移动互联网健康有序发展的意见》，提出加快建设并优化布局内容分发网络、云计算及大数据平台等新型应用基础设施。

- **2018年，我国政府将人工智能、工业互联网、物联网纳入新型基础设施。**2018年中央经济工作会议再次肯定"我国发展仍处于并将长期处于重要战略机遇期"这一论断，面对出口贸易中的一系列阻碍，本次会议提出促进形成强大国内市场的具体任务，并首次正式提出"新基建"的概念，将5G、人工智能、工业互联网、物联网确定为"新型基础设施建设"。

- **2019年，我国政府多次提到"新型基础设施建设"。**2019年3月5日，2019年《政府工作报告》提出加大城际交通、物流、市政、灾害防治、民用和通用航空等基础设施的投资力度，加强新一代信息设施建设。2019年5月5日，国务院常务会议提出把工业互联网等"新型基础设施建设"与制造业技术进步有机结合。2019年7月30日，中共中央政治局会议提出稳定制造业投资，实施城镇老旧小区改造、城市停车场建设、城乡冷链物流设施建设等补短板工程，加快推进信息网络等"新型基础设施建设"。2019年12月9日，交通运输部举行了"加快交通强国建设"专题发布会，提出"推进基于5G、物联网等技术的智慧交通新型基础设施示范建设"。2019年12月，国家发展和改革委员会、教育部等七部门联合印发了《关于促进"互联网+社会服务"发展的意见》，提出加快布局新型数字基础设施，加速构建支持大数据应用和云端海量信息处理的云计算基础设施，支持政府和企业建设人工智能基础服务平台。2015—2019年是新基建的酝酿期，从以上政策可以看出新基建已经在交通、服务业、制造业等多个领域出现，各行各业都需要通过新型基础设施加快推进转型升级、提质增效。

新基建体系形成期（2020年）

2020年，新冠肺炎疫情对国内生产消费和国外进出口贸易都产生了较大影响，全球经济发展速度放缓，出口对经济增长的拉动能力减弱，如何在进一步激活国内基础设施建设投资、消费市场、疫情防控的同时加快复工复产是一个重要问题，传统基础设施带来的高耗能、高投资、资本回收期长的难题也亟待解决。同时，我国人才结构也在变化，国家统计局2020年1月统计显示，我国16～59周岁的劳动年龄人口数量为89640万，占总人口的比重为64.0%，我国掌握现代知识和技能的劳动力越来越多。发展新基建可以充分发挥劳动力的创新潜能，并提供更多的就业岗位。

因此，基于经济发展、就业等一系列发展需求，我国密集提出了一系列鼓励发展新基建的政策。

• 2020年1月3日，国务院常务会议提出"要大力发展先进制造业，出台信息网络新型基础设施投资支持政策，推进智能、绿色制造"。

• 2020年2月14日，中央全面深化改革委员会第十二次会议提出"基础设施是经济社会发展的重要支撑，要以整体优化、协同融合为导向，统筹存量和增量、传统和新型基础设施发展，打造集约高效、经济适用、智能绿色、安全可靠的现代化基础设施体系"。

• 2020年2月21日，中共中央政治局会议提出"加大试剂、药品、疫苗研发支持力度，推动生物医药、医疗设备、5G网络、工业互联网等加快发展"。

• 2020年2月23日，统筹推进新冠肺炎疫情防控和经济社会发展工作部署会议提出，一些传统行业受冲击较大，而智能制造、无人配送、在线消费、医疗健康等新兴产业展现出强大成长潜力，要以此为契机，改造提升传统产业，培育壮大新兴产业。

• 2020年3月4日，中共中央政治局常务委员会会议提出"加快5G网络、数据中心等新型基础设施建设进度，要注重调动民间投资积极性"。

• 2020年3月5日，新基建首次登上中央电视台，其包含的七大领域随即引起关注。该七大领域为：5G基站建设、特高压、城际高速铁路和城市轨道交通、新能源汽车充电桩、大数据中心、人工智能、工业互联网。

- 2020年4月20日，国家发展和改革委员会首次就"新基建"概念和内涵做出正式解释。至此，"新基建"概念有了正式、明确的官方定义。

新基建的三大领域如图13-2所示。

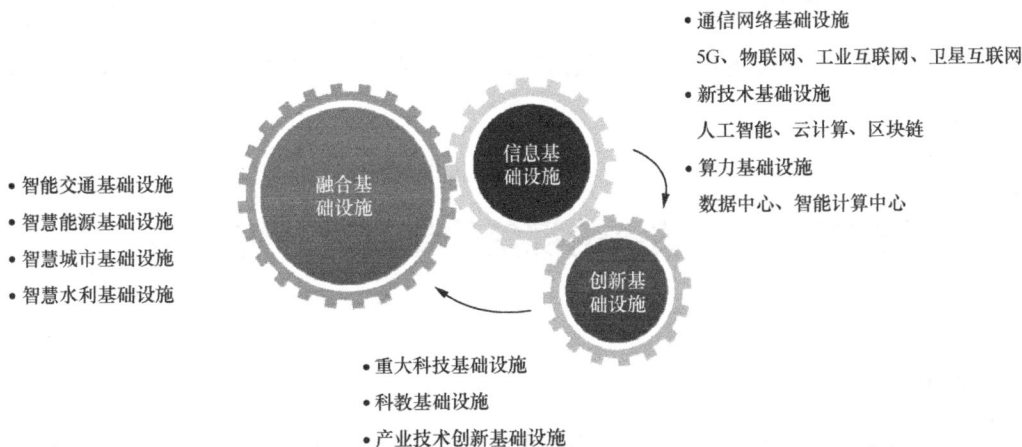

- 通信网络基础设施
  5G、物联网、工业互联网、卫星互联网
- 新技术基础设施
  人工智能、云计算、区块链
- 算力基础设施
  数据中心、智能计算中心

- 智能交通基础设施
- 智慧能源基础设施
- 智慧城市基础设施
- 智慧水利基础设施

- 重大科技基础设施
- 科教基础设施
- 产业技术创新基础设施

图13-2　新基建的三大领域

- **信息基础设施。** 主要是指基于新一代信息技术的通信网络基础设施，例如，以5G、物联网、工业互联网、卫星互联网为代表的通信网络基础设施，以人工智能、云计算、区块链等为代表的新技术基础设施，以数据中心、智能计算中心为代表的算力基础设施等。

- **融合基础设施。** 主要是指深度应用互联网、大数据、人工智能等技术，支撑传统基础设施转型升级，进而形成融合基础设施，例如，智能交通基础设施、智慧能源基础设施等。

- **创新基础设施。** 主要是指用于支撑科学研究、技术开发、产品研制的具有公益属性的基础设施，例如，重大科技基础设施、科教基础设施、产业技术创新基础设施等。

从咨询机构的统计数据来看，新基建领域的投资额较大，2020年上半年与新基建相关的项目招标逐渐活跃。2020年5月，腾讯云与智慧产业事业群总裁汤道生对外宣布，腾讯在未来5年内将投入5000亿元用于新基建的进一步布局。此前阿里巴巴宣布在3年内至少投入2000亿元在新基建领域。其实，这些互联网公司一直都在建设新型基础设施，主要就是建设数据中心以及帮助大型政企客户建设融合基础设施，例如智慧政务、城市大脑等。互联网公司也凭借资金优势和人才优势布局高端芯片、专用网络、服务器、云操作系统等产业。互联网公司借助新基建项目将继续扩大自身的生态优势。

从以上内容我们可以看出，新基建主要是数字经济范畴的产物，包括通信网络、物联网、工业互联网、卫星互联网等都处于数字经济的第二个阶段。"互联网+"向各个行业渗透形成融合基础设施，这些融合基础设施是数字经济对工业经济要素真正发挥提升作用的主要战场。

基于技术经济演进论视角的新基建分析

概述

传统基建是工业经济时代的产物，是工业经济推动采集经济、渔猎经济、农业经济升级的具体"硬件"投资领域。采集经济的能源开采、资源运输需要大量的机械化与电气化设施；农业经济需要采用工业机械化设施、电气化设施服务水利设施和机械化作业；工业经济本身的产品贸易输送需要大量的铁路、公路、港口、机场等交通物流设施。因此全社会公共服务类的固定资产投资基本上是以传统基建为主，其占固定资产投资的四分之一左右。

目前，我国已经建立了完备的工业经济体系，我国第三产业在其中占比超过50%。传统基建的进程已经逐步呈现投资拐点，但这并不意味着停止传统基建。当前我国资本产出弹性较高，人均资本存量水平相对较低，这说明我国固定资产的投资仍有一定的提升空间，传统基建的建设规模还要维持在一定的微增长空间内，其比重仍然会随着新基建比重的提升而逐步降低。但是传统基建的新建、扩容、更新换代并不会停止，其投资绝对数额会呈现微增长，同时我们要加大新基建的投资比例，并在传统基建更新换代的同时融入更多的新基建要素。如今，用科技创新拉动经济增长成为长期发展趋势。在这种情况下，新基建想要成为经济发展的新动力就需要向产业中加入智能要素。根据国际测算，在传统基建领域每投入1美元，就可以产生3美元的GDP增量；而在新基建领域每投入1美元，则可以产生20美元的GDP增量，数字经济时代新型基础设施的投资占全社会总投资的比例会逐年增长。虽然数字经济时代的来临并没有一个确切的时间点，但是它的起点将会是计算机的规模商用成为基本共识的时候。而数字经济时代之后是智能经济时代，彼时也会有智能经济时代的新基建，这是一个交叉演进的过程。

数字基建包括两个部分，即数字经济的基础设施本身和融合基础设施。数字经济的基础设施对应国家发展和改革委员会公布的信息基础设施，例如高速光网络、5G、云计算、互联网、固定与移动互联网、固定与移动物联网、区块链、数据中心、卫星互联网等。它们分别与采集经济、农业经济、渔猎经济、工业经济的反作用对应形成融合基础设施：数字经济与采集经济的融合形成利于开采的智慧矿山、智慧油田、智慧燃气田；数字经济与农业经济的融合形成农业电商物流园区、农业电商平台、大田农业数字化管理平台、智慧水利、农产品溯源平台等；数字经济与工业经济的融合形成工业互联网、工业大数据平台、智慧交通、智能电网。数字经济的下一个发展阶段是智能经济，智能经济的基础设施有数字孪生、大数据、机器学习算法与算力等。智能经济的基础设施基本上涉及了全球尖端科技领域和我国创新短板领域，这些设施是开展前沿科学研究的基础设施，但是同时也离不开数字基建的支撑。

据中国信息通信研究院发布的统计数据："2020年三大运营商5G建设投资达到1800亿元，预计到2025年将达到1.2万亿元，预计到2030年，5G带动的直接产出和间接产出将分别达到6.3万亿元和10.6万亿元，数据中心建设投资到2020年达到3000亿元，每在5G建设中投入1元，就能在其他行业的带动下产出6元。一个新型基础设施（例如新一代信息网络）所带动的溢出效应，或者乘数效应，是成6倍的增长。"开展规模以上工业企业的工业互联网网络化改造预计每年将带动新增投资1000亿元。预计到2025年，新基建将给我国信息消费领域创造8.3万亿元的财富，其中4.5万亿元是手机终端消费。2020年，工业互联网创造了255万个新增就业岗位，到2025年5G将带来300万个就业岗位。中国信息通信研究院认为，新基建相对于传统基建，主要"新"在6个方面：基础设施范畴更大、技术迭代速度更快、投资持续性更突出、互联互通配置要求更高、网络安全保障更强、跨界复合型人才需求更高。

现在我国每年新增2000万就业人口，正式退休人口达300多万，这需要每年新增1600多万个就业岗位。每年的大学毕业生有700多万，在其中占比达到40%，而这700万人不可能全部放在工业经济或者工业外包的服务业中，那么就需要有更多的人投入到数字经济、智能经济的行业中，培养更多的数字化技术工程师、互联网工程师、数字孪生工程师、软件开发工程师、机器学习工程师等人才，让学习能力强、有知识储备的"90后""00后"从事数字基建，才能在"后疫情时代"加快就业，促进消费，因此新基建—青年就业—消费是环环相扣的关系。

新基建是相对于我国经济当前发展阶段而言的，是基于当前六大技术经济形态升级和发展所必须要投入的信息基础设施与信息融合基础设施、软硬件创新平台，目的是补齐我国的经济短板，发展好当前阶段，为未来储备能量。

采集经济新基建与创新方向

采集经济的发展是融合演进的，当它演进到某个阶段时，会对当前的经济形态产生作用，也会被当前经济形态反作用。例如，采集经济推动渔猎经济演进到畜牧、养殖经济，采集经济为农业经济提供了种子来源，推动了蒸汽机的发明等。同时，借助现代工业机械、数字化感知设备、网络技术及人工智能等的帮助，采集经济的发展更加高效、更加准确、更加安全。采集经济处于不断进化状态，每个阶段的表现形态各有不同，其中一个重要的原因是每个阶段的基础设施各有不同，本节重点阐述采集经济中传统基建向新基建的演进过程。采集经济中的新基建内容见表13-1。

表13-1　采集经济中的新基建内容

采集资源类型	信息基础设施	融合信息基础设施	创新基础设施
有色金属矿采集	矿业互联网、矿场物联网、数字孪生矿场	无人驾驶矿车、智能巡检无人机、智能装载设备、智能挖掘设备	有色金属资源研究中心
煤炭资源采集	煤电联动工业互联网、煤井物联网、数字孪生煤层	煤岩识别、自适应自感知、智能化采煤控制系统	煤炭资源研究中心
石油资源采集	数字油田、数字孪生油层	智慧管道、油罐清洁机器人、运维机器人、无人监测系统	石油资源研究中心
太阳能采集	光伏型5G通信基站、光伏物联网	分布式光伏信息系统、智能太阳能板控制系统、光储充一体化系统	太阳能资源创新研究中心

（续表）

采集资源类型	信息基础设施	融合信息基础设施	创新基础设施
风能采集	虚拟数字风场（数字孪生风场）、风场物联网	预测性维护与备品备件管理信息系统、风场数字化设计系统、风电智能管理平台	风能资源创新研究中心

采集经济在工业经济时代得到了迅猛发展，其依赖的基础设施主要是工业机械设备。随着工业经济的不断发展演进，采集经济的基础设施也逐步由纯机械化设施向电气化设施、模拟电路设备、数控设备发展，例如，从应用蒸汽机采集风能、太阳能、水能、煤炭、天然气等自然资源到逐步实现电气化设施应用、大型数控机组采集。当前，机械系统已全面应用于能源采集、输送、使用、储能等体系，例如，资源运输设备、机电设备、采掘设备、防治水设备、通风设备设施、防瓦斯设备、防煤尘设备、防灭火设备等，具体用途包括开山、岩石劈裂、破碎、钻井、轮船运输、火车运输等。当然，在向工业经济发展的机械化阶段，采集经济基础设施还包含化工设备，例如收集和储存太阳能的光伏太阳能采集板、混合动力设备、太阳能储能电池等，以及地下采矿和海洋采矿过程中使用到的相关化学工具等。

在数字经济时代，在广泛应用工业经济基础设施的基础上，采集经济的基础设施又加入了通信基础设施、数字感知基础设施和数据系统基础设施。例如，在采集风能、太阳能、水能、煤炭、天然气等自然资源时被广泛使用的调度通信设施和安全监测监控设施。然而采集经济的基础设施包含内容将远不仅如此，通信基础设施领域还有能源互联网、物联网、卫星通信网、地理信息系统（GIS）等空间地理位置信息系统，数字感知基础设施还有红外遥感、RFID、传感器、视频监控、探测终端、数据存储等自然资源探测设备，相关数据系统基础设施还有信息枢纽、数据中心、信息化系统的配套软件设施、数据标准等。以上基础设施的应用为采集经济的数据采集、分析、处理提供便利，它们代替了传统手绘等测绘方式，完善了能源决策的依据基础，变革了自然资源的管理手段等。

以有色金属行业为例，2020年4月，工业和信息化部、国家发展和改革委员会、自然资源部联合发布了《有色金属行业智能工厂（矿山）建设指南（试行）》（以下简称"《指南》"），《指南》指出，有色金属行业是典型的流程工业，具有种类繁多、原料来源复杂、工艺复杂流程长、工况环境苛刻等特点。从总体来看，有色金属行业的智能制造水平比较落后，难以满足高质量发展要求，其中采矿工作主要依赖人工驾驶作业，工作强度大、安全风险高；冶炼装备的种类多，企业的自动化管控水平参差不齐，尤其是小型企业的工艺设备落后，多依赖人工操作，其环保治理和安全生产形势严峻；部分加工企业的生产及作业数据是通过纸质材料收集的，在线监测手段不足，质量管控能力不强，生产组织缺乏柔性化。《指南》以"互联网+先进制造业"为指导意见，在总体设计上采用基于工业互联网平台的云、边、端架构，结合有色金属企业的特点，重点强调基础设施的数字化改造、先进工业软件的应用和基于工业大数据的协同创新。《指南》既充分考虑了企业智能制造建设基础，明确老厂改造和新建工厂的建设路径以及基础型、引领型企业的建设重点，即重在"强基础，补弱项"，又着力促进5G、人工智能、虚拟现实等技术在远程协作、智能配料、电解槽短路识别、冶炼过程虚拟仿真等方面的应用，即力求"固长板，谋突破"。

在实现工业经济基础设施和数字经济基础设施的基础上，采集经济在智能经济的基础设施上加入了智能算法基础设施、智能装备基础设施。智能算法基础设施包括能源生产的智能分析决策系统、能源使用的智能分配系统、能源管网的智能运维系统、地质测量以及仓库管理的自动探测系统和无人监管系统等。智能装备基础设施包括无人驾驶矿车、智能巡检无人机、智能装载设备、智能挖掘设备等。

《指南》提出要建成集综合集成信息管控平台、实时协同优化的智能生产体系、精细化能效管控于一体的清洁环保、优质低耗、安全高效的有色金属智能冶炼工厂；要建成集柔性化组织生产、产品质量全生命周期管控、供应链协同优化运营于一体的质量稳定、协同高效、响应快速的有色金属智能加工工厂；鼓励企业在劳动作业强度大、人员安全风险大的熔铸、熔体开堵口、电解铸造等岗位应用智能仪器仪表和智能装备，实现清洁生产和安全作业。《指南》提出要基于5G网络大带宽的优势，利用高级驾驶辅助系统（Advanced Driver Assistance System，ADAS）技术，开展矿山无人驾驶系统建设；利用人工智能、机器学习等技术建立关键设备和生产工序的虚拟仿真模型，通过建设人工智能配料等系统指导实际生产；利用大数据技术对客户的分布、行业、类型、来源、资质、风险等进行全面分析，深度挖掘客户需求，为企业的经营决策提供支撑。

在采集经济的发展过程中要结合我国现状，重点发展两个方面：一方面通过采集业本身的矿场、煤炭井、采油场、风电场的信息基础设施建设和融合基础设施建设，提升信息化、智能化水平；另一方面与煤电厂、冶炼厂、特高压输送电网等进行产业链联动，提升产业效率和经济效益。

渔猎经济新基建与创新方向

在农业经济时代，渔猎经济的基础设施为传统的捕捞渔具和渔船，例如渔叉、渔网、渔竿，以及传统木质渔船等。到了工业经济时代，渔猎经济的传统基础设施有了新的演进形式，捕捞渔具在蒸汽机和电力的助力下，捕捞能力提升，例如拖网有了液压机帮助收囊，节约了大量人力；渔船注入了新的动力，航行距离和船舶规模均有增加。

在数字经济时代，渔猎经济的基础设施进一步演进出新的形式，例如渔船在机械化、电气化的应用基础上，增加了数控设备。此外，渔猎经济还增加了通信网络及设备和渔猎管理配套软件系统。例如，在长线捕鱼时，浮标、标志旗结合无线电信号来标注线的位置；在团队捕捞的过程中，团队成员使用雷达反应器和无线电信号来保持联系；当远洋渔船航行时，应用卫星通信网络的导航体系；在渔猎市场流通供给领域，借助互联网基础设施和物流系统实现电商销售；对渔船、船员、渔政、渔港、渔业生态等的管理可借助数字软件配套基础设施实现信息化监管。

在智能经济时代，渔猎经济的基础设施继续演进出新的智能形式，例如垂钓时使用的智能钓鱼竿，它可以自动筛选鱼的大小，还可以实现自动报警等功能。另外，渔猎探测设备和渔猎数据智能分析算法也是在智能经济阶段渔猎经济基础设施的重要组成部分，例如水下智能鱼类探测设备、渔业资源存量智能测算预测等。同时，我们还可以展望在专用人工智能阶段，智能渔猎机器人等新型基础设施的出现和应用。例如，通过海洋卫星，我们可以实时观测到海水的温度梯度、海水的叶绿素浓度、海洋的温度场变化、洋流的温度场变化，再将之结合曾经的捕捞记录，建立预测模型，并基于实时的海洋卫星数据，计算出此时整个海域每一个格点中某种鱼群聚集的浓度。

农业经济新基建与创新方向

在工业经济时代，农业经济的发展依赖于工业的各种产出物，例如工业机械、工业电气产品、工业家用产品。农业机械化作业所需的乡村交通设施、配套维修设施，农田电气化所开展的农田水利、农村电气化配套工厂都是农业基础设施建设。总体来说，农业传统基础设施建设主要包括3个方面：一是农田水利建设，例如防洪、防涝、引水、灌溉等设施建设，这些离不开工业经济产出物；二是农产品流通重点设施建设、农药和化肥等农资销售网点、农田林网建设等；三是农业教育、科研、技术推广和气象基础设施等。

我国农业人口较多，走家庭联产承包路线的初期效果较好，但是生产效率不高、大型机械化作业比例低、人均产量低是当前我国中西部等农村地区致富的主要阻碍。到了数字经济时代，农业农村部、中共中央网络安全和信息化委员会办公室联合印发了《数字农业农村发展规划（2019—2025年）》——这是贯彻落实党中央、国务院关于"发展数字经济""建设数字中国""实施数字乡村战略"的重大举措，对推动信息技术与农业农村全面深度融合，引领驱动乡村振兴具有重要意义。总体来说，数字经济时代的农村新基建包括以下5个方面。

1. 农村电商物流产业链

农产品从田间到餐桌需要经过多个步骤，这就是农村电商物流产业链。在生产层面，农民被各种各样的农村生态电商组织起来，实施订单农业。农民借助生态电商优势，通过整合各方资源，形成具有农村特色的品牌化产品，以较低的成本建设一村一品，打造村级农产品特产品牌。同时借助生态电商的组织资源创建村庄服务站，开展标准化的包装、检验和分拣等工作，并利用县内物流将产品传递至县城电子商务配送中心，开展二次等级标准化分拣和复检，再在第三方物流的基础上迅速进入各省、自治区地级市分包中心以实现三次抽检，最后通过各省、自治区地级市区域物流实现社区、实体店配送。消费者的购买渠道呈现多订单、多站点消费的特点，实现了从农村到城市餐桌的无缝衔接。这种实现农民组织纵向化的生态电商不仅可以使农民增加收入，还能让人们对餐桌上的食品安全放心。

2. 大田农业数字化基础设施

大田农业标准化程度高，机械化水平高，末端水利设施可以得到有效利用。卫星对地观测技术为农民搭建了智慧服务平台，为大田农业病虫害防治提供了数据，实现了现代信息技术与先进农机装备应用为特征的农业装备现代化，建设了北斗精准时空服务基础设施。大田农业配置和升级改造了播种机械、收获机械，实现了高精度自动作业、精准导航与实时信息采集，建设了农业生产过程管理系统，配置了基于遥感信息、无人机观测、地面传感网等多源信息的耕整地，以及水肥一体化、精量播种、养分管理、病虫害防控、农情调度监测、精准收获等系统，加强了物联网设施设备建设。大田农业建设精细化管理及公共服务系统，配置农机远程监测装置，建立了农机协同作业服务系统、农业生产管理系统，建立了车载天空地一体化农情监测与决策平台，开发了试点成果展示系统和技术管理平台。

3. 园艺数字农业建设

数字化技术在开放式耕种、精准农业、温室园艺、畜牧养殖、食品质量安全以及生产链各个环节得到应用。其应用主要有以下5点：一是建设温室大棚环境监测控制系统，配置气象站、环境传感器、视频监控等数据采集设备，建设数据传输及云存储系统，配置温度、湿度、光照等环境控制设施设备；二是建设工厂化育苗系统，配置播种、嫁接、催芽、移栽等集约化育苗装备，研发集约化种苗生产管理系统，实现育苗全程自动化管理、环境控制、智能移栽的功能；三是建设生产过程管理系统，购置耕整机、移栽机、施肥机、施药机等农机具，配置水肥药综合管理设备，研发生产加工过程管理、病虫害监测预警和专家远程服务系统；四是建设产品质量安全监控系统，配置生产过程质量管理设施设备、质量追溯系统，实现生产全流程监控和产品质量可追溯；五是建设采后商品化处理系统，配置自动化清洗、分级、包装、扫码、信息采集等设备，提升采后处理全流程自动化水平，为电商物流提供基础支撑。

4. 畜禽养殖数字农业建设

畜禽养殖数字农业建设有以下4点：一是建设自动化精准环境控制系统，配置畜禽圈舍自动化通风、温控、空气过滤和环境监测等设施设备，实现饲养环境自动调节；二是建设数字化精准饲喂管理系统，配置电子识别、自动称量、精准上料、自动饮水等设备，实现精准饲喂与分级管理；三是建设机械化自动产品收集系统，配置自动集蛋、挤奶、包装设备，降低人工成本，提高生产效率；四是建设无害化粪污处理系统，配置节水养殖设施设备，改造粪便清理收集设施设备，建设粪便厌氧发酵池、沼液收集池、好氧处理池、粪肥田间贮存池等设施设备，对有配套消纳土地的，则可铺设沼液田间输送管网，实现粪污无害化处理和资源化利用。

5. 水产养殖数字农业建设

水产养殖数字农业建设有以下4点：一是建设在线监测系统，配置水质监控、气象站、视频监控等监测设备，建设养殖现场无线传输自主网络，实现数据实时采集和自动监控，建设和改造自动监控平台；二是建设生产过程管理系统，配置自动增氧、饵料投喂、底质改良、水循环、水下机器人等设施设备，配套实施养殖池塘、车间和网箱的标准化改造，开发生产运营管理系统，配置便携式生产移动管理终端，提升水产养殖的机械化、自动化、智能化水平；三是建设综合管理保障系统，配置水质检测、品质与药残检测、病害检测等设备以及水产养殖环境遥感监测系统，研发鱼病远程诊断系统和质量安全可追溯系统。四是建设公共服务系统，开发公共信息资源库、疫情灾情监测预警系统、养殖渔情精准服务系统、试点试验成果展示系统。

工业经济新基建与创新方向

每一次产业技术革命都伴随着新型基础设施的兴起。第一次产业技术革命以1771年阿克莱特在英国克隆福德建设第一个水利纺纱工厂为标志。当时的基础设施是运河与水道、收费公路、经过重大改良的水力涡轮。第二次产业技术革命以1829年蒸汽动力机车"火箭号"在英国实验成功为标志。当时的基础设施包括铁路（蒸汽动力）、邮政服务、电报（主要在铁路沿线）、大型港口和轮船、城市煤气设施。第三次产业技术革命以1875年的卡内基酸性转炉钢厂在匹兹堡开工为标志，从此，人类进入重工业时代。当时的基础设施包括钢制的高速蒸汽轮船，世界范围内的铁路、大型桥梁与隧道，世界范围内的电报、一国范围内的电话、电力网络（照明与工业）。第四次产业技术革命以1908年福特产出T型车为标志。当时的基础设施包括公路、港口、高速公路和机场组成的交通网络，石油管道网络，普遍的电力供应，世界范围内的远程通信等。第五次产业技术革命以1971年英特尔发明微处理器为标志，从此，人们迈向信息和远程通信时代。当时的基础设施包括数字远程通信、互联网服务、多种能源、高速物流运输系统。现在我们正在进入新一轮产业技术革命的关键时期，现阶段工业经济领域的新基建主要是工业互联网基础设施和工业大数据基础设施，同时工业经济领域还需要继续向高精尖技术方向发展。

1. 工业补短板领域

工业发展经历了机械化、电气化、模拟化3个阶段，除了模拟化可以直接采用数字化设备替代之外，机械化和电气化都要走工业道路。然而我国从18世纪到20世纪70年代错过了近300年的工业化大发展机遇，因此在工业电气化精密技术领域落后于德国、瑞士、美国等发达国家。我们要坚决摒弃"做不如买，买不如租"的理念，坚持发展工业补短板领域。

工业基础设施电气化领域包括航空发动机、高效率小型发动机、大型燃气轮机、特高压电网、核电工业、中高端配电设备、精密计量仪器等。其中，有些是需要加大投资的领域，例如特高压、核电工业。实现技术精通之后再占领出口市场是我国高端工业行业可采取的发展策略。

下面以特高压为例进行分析。特高压从诞生之初就被定义为可以突破我国能源输送瓶颈的"大国重器"，我国70%以上的煤炭、风能、太阳能资源分布在西北部，而70%以上的能源需求却集中在东中部。特高压通过超远距离大规模送电，可将其输送到我国沿海的负荷中心。

我国自2011年开始将特高压列入三年规划，之后的9年里形成了"十交两直"特高压工程布局，开工建设"十三五"规划的特高压网架加强和完善工程。截至2020年3月，我国共有25条在运特高压线路、7条在建特高压线路以及7条待核准特高压线路。2020年，特高压设备投资额达到1811亿元。特高压电网离不开一些关键设备，具体包括换流阀、换流变压器、平波电抗器、直流滤波器和避雷器，其中在换流阀和换流变压器上，我国的制造技术处于国际领先水平，但是在其他领域还需要加强技术攻关。

2. 工业经济与数字经济的融合

工业经济与数字经济融合的基础设施的重点发展领域为：2～7nm级别的芯片制造装备、工业大数据基础设施、工业互联网基础设施、工业数字孪生基础设施、工业机器人基础设施、智能制造基础设施等。下面以工业互联网基础设施和工业大数据基础设施为例进行分析。

（1）工业互联网基础设施

2020年4月10日，中国信息通信研究院在《工业互联网产业经济赋能高质量发展》中将工业互联网定义为：新一代信息技术与工业经济深度融合的全新经济生态、关键基础设施和新型应用模式，通过人、机、物的全面互联，实现全要素、全产业链、全价值链的全面连接，这将推动形成全新的生产制造和服务体系。其本质可以理解为以机器设备、原材料、生产过程以及人之间的互通互联为基础，通过大数据、AI技术实现设备的智能控制、运营过程优化以及产业链上的价值创造。

我国拥有庞大的网络和智能和数字应用市场，建设业务云和设备云的步伐加快，对工业计算的需求激增。作为新一代信息技术与制造业深度融合的产物，工业互联网正在日益成为新型工业革命的关键支撑。政府也高度重视工业互联网的发展，2019年3月，工业互联网首次被写入《政府工作报告》中。

工业互联网作为一项基础设施，其价值在于垂直行业的落地应用。目前，工业互联网的应用平台主要分为5类，包括通用型平台、垂直行业平台、平台解决方案、工业App/细分解决方案以及基础设施即服务（Infrastructure as a Service，IaaS）层服务（主要提供云服务，以阿里云、华为云、腾讯云、AWS等为代表）。

2019年8月，工业和信息化部公布的"十大跨行业跨领域工业互联网平台"是通用型平台的典型代表，包括海尔COSMOPlat、东方国信Cloudiip、用友精智、树根互联根云、航天云网INDICS、浪潮云In-Cloud、华为FusionPlant、富士康BEACON、阿里supET、徐工信息汉云。十大跨行业跨领域工业互联网平台见表13-2。

表13-2　十大跨行业跨领域工业互联网平台

平台名称	单位名称
海尔COSMOPlat工业互联网平台	海尔智家股份有限公司
东方国信Cloudiip工业互联网平台	北京东方国信科技股份有限公司
用友精智工业互联网平台	用友网络科技股份有限公司
树根互联根云工业互联网平台	长沙树根互联技术有限公司
航天云网INDICS工业互联网平台	航天云网科技发展有限责任公司

（续表）

平台名称	单位名称
浪潮云In-Cloud工业互联网平台	浪潮云信息技术股份公司
华为FusionPlant工业互联网平台	华为技术有限公司
富士康BEACON工业互联网平台	富士康工业互联网股份有限公司
阿里supET工业互联网平台	阿里云计算有限公司
徐工信息汉云工业互联网平台	江苏徐工信息技术股份有限公司

工业互联网平台赋能重点行业数字化转型应用场景见表13-3。

表13-3 工业互联网平台赋能重点行业数字化转型应用场景

行业	行业特点	行业痛点	典型应用场景	典型企业
钢铁	生产流程长、生产工艺复杂、供应链冗长	设备维护低效化、生产过程黑箱化、下游需求碎片化、环保压力加剧化	设备全生命周期管理、智能化生产、供应链协同、绿色化生产	东方国信、宝钢集团、优也信息、南钢集团、酒钢集团
石化	设备价值高、工艺复杂、产业链长、危险性高、环保压力大	设备管理不透明、工艺知识传承难、产业链上下协同水平不高、安全生产压力大	设备健康管理、智能炼化生产、供应链协同、安全监控	中石化、恒力石化、石化盈科、中油瑞飞
煤炭	工艺流程复杂、风险故障频发、资本设备密集、生产条件多变	生产风险高、设备管理难、物流成本高、环境污染大	智能安全开采矿山、综合管理、煤炭智慧运输、生态资源保护	华为、神华集团、大同煤矿、山西焦煤、蒙草集团
航空航天	研发周期长、产品种类多、规模小、产业链长	数据源不统一、模型适配性不足、故障预测水平有待提升	基于模型的工程定义的研发设计、基于信息物理系统的智能制造、基于大数据分析的供应链管理、基于故障预测与健康管理的运营维护	商飞公司、西飞公司
船舶	零件数量级大、生命周期长、资本投入大、技术要求高	接单难、交船难、融资难	基于三维模型的协同设计、基于信息物理系统的智能制造、供应链协同服务化延伸	江南造船、黄埔文冲、沪东中华造船、安世亚太达索
汽车	产品精密、生产工艺复杂、技术门槛高、供应链分散	研发设计周期长、下游需求碎片化、供应链管理困难、售后服务低效化	研发设计协同规模化定制、产供销协同服务化延伸	一汽集团、上汽集团、广汽集团、北汽集团、东风汽车、吉利汽车、长安汽车
轨道交通	集约化管理系统相对封闭、运量大、要求高	资源调配效率低下、车辆运维困难、客户需求不断增加	研发仿真、协同制造、产业链管理、设备健康管理	中车四方、中车株机、中车浦镇

（续表）

行业	行业特点	行业痛点	典型应用场景	典型企业
工程机械	设备产品多样化、生产过程离散化、供应链复杂	资源调配效率低下、机械设备运维、金融生态不完善	设备预测性维护、备品备件管理、智慧施工、互联网金融	卡特彼勒、小松日立、徐工集团、三一重工、中联重科
家电	技术更新快、研发周期短、产品同质化高	生产智能化水平低、供应链协同效率低、行业营收增速放缓	柔性化生产、供应链协同、智能家居解决方案	海尔集团、美的集团、海信集团、格力电器、松下电器
电子	产品附加值高、技术迭代快、产品质量要求高	新产品生产周期长、设备管理精度不够、劳动力较为密集	设备健康管理智能化、生产产品质量检测、供应链协同	富士康、腾晖光伏、华星光电、新华三、华为
风电	地理位置偏僻、资本技术密集、发电波动性大	风场设计周期长、设备维护成本高、并网协调效率低、弃风漏风较严重	虚拟风场设计、设备预测维护、智慧风场管理精准、柔性化供电	金风科技、远景能源、昆仑数据、明阳智能

（2）工业大数据基础设施

工业大数据是工业领域产品和服务全生命周期数据的总称，包括工业企业在研发设计、生产制造、经营管理、运维服务等环节中生成和使用的数据，以及工业互联网平台中的数据等。随着第四次工业革命的深入开展，工业大数据日渐成为工业发展最宝贵的战略资源之一，是推动制造业数字化、网络化、智能化发展的关键生产要素。

我国是制造大国，工业大数据资源丰富。近年来，随着新一代信息技术与工业融合不断深化，特别是工业互联网的创新发展，工业大数据的应用迈出了从理论研究走向落地实践的关键步伐，在需求分析、流程优化、预测运维、能源管理等环节中，数据驱动的工业新模式、新业态不断涌现。相比应用更为普及的互联网服务领域大数据，工业大数据不仅更加复杂，还面临着数据采集汇聚不全面、流通共享不充分、开发应用不深化、治理安全短板突出等问题，其总体上仍处于探索和起步阶段，亟待拓展和深化。

随着5G、工业互联网、人工智能等技术的发展，工业大数据将从探索起步阶段迈入纵深发展阶段，迎来快速发展的机遇期，全球工业大数据的竞争也将变得更为激烈。立足当前、着眼未来，2020年5月，工业和信息化部出台了《关于工业大数据发展的指导意见》（以下简称"《指导意见》"），《指导意见》涉及数据汇聚、数据共享、数据应用、数据治理、数据安全、产业发展6个方面，能够全面支撑工业大数据的发展。

数字经济新基建与创新方向

美国数字经济占GDP的比重已经超过50%，这得益于其在互联网领域的长期布局。众所周知，美国在机器数字化、计算机、互联网领域一直处于领先水平，且其在数字经济基础设施领域中的大数据中心、CPU芯片、服务器架构、计算机操作系统、移动终端操作系统等领域也处于世界前列，这些领域就像"互联网生态黑洞"一样，吸附着其他互联网公司。我国围绕当前的发展短板和创新型国家建设需要，重点提出了5G高速网络、泛终端操作系统、7nm及以下芯片产业链、大数据中心、下一代互联网、网络信用系统、卫星互联网、数字孪生平台等数字基建，并且提前布局智能经济新基建。如今，我国拥有完整的工业门类体系，统筹部署近远期目标，以新基建为契机，在优势领域加速发展做到更强，在劣势领域加快补齐短板。

1. 5G：新基建的"领头羊"

当前，大家谈到新基建都会把它等同于5G网络建设。5G不仅仅速度快，其低时延、高可靠、大连接的特点也可以带动更多产业。5G可以带动数字基础较好的行业快速迭代、转型升级，还可以带动传统产业"弯道超车"。5G网络切片也将推动大型集团企业、连锁型企业的信息化建设，加速信息流，带动商贸活力。狭义的5G与广义的5G之间的包含与被包含关系如图13-3所示。

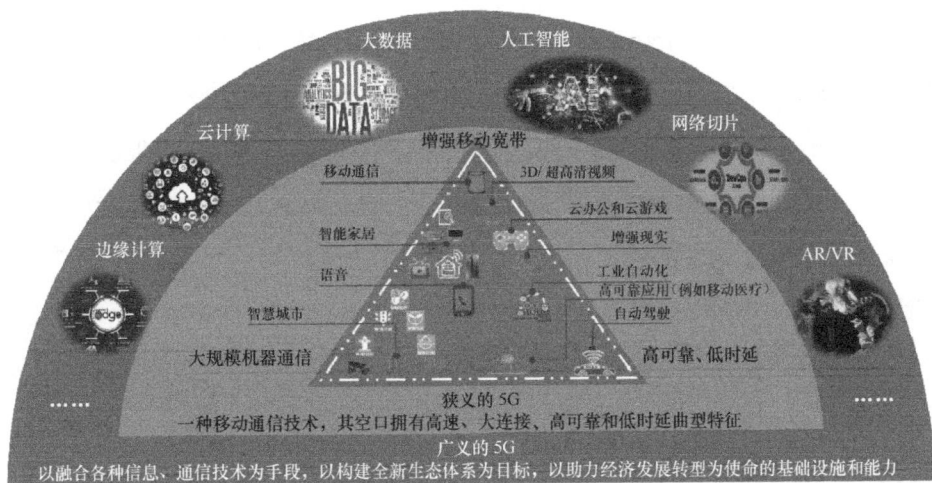

图13-3　狭义的5G与广义的5G之间的包含与被包含关系

根据中国信息通信研究院发布的"5G经济社会影响白皮书"估算，到2030年，我国5G投资建设带动的直接产出将达到6.3万亿元，间接产出将达到10.6万亿元。英国分析机构IHS Markit预测，到2035年，5G将在多个行业为全球经济创造12.3万亿美元的产出，占2035年全球实际总产出的4.6%。

5G是数字经济的基础设施，是各个行业进行数字化转型的前提，也是支持经济和社会数字化、网络化和智能化转型的核心基础设施。一方面，5G是新一轮科学技术革命的核心技术，不仅是新的经济增长点，而且与大数据、人工智能和物联网等技术相辅相成，共同推动我国经济发展；另一方面，5G进一步激发了操作系统、云平台、系统集成以及其他信息服务（例如，基站、芯片、传输设备和关键设备）的发展。

未来，5G将在智慧媒体、智慧教育、智能电网、城市安防、自动驾驶、智慧工业、智慧医疗、智能机器人等领域产生商业价值。在5G与千行百业融合的过程中，产业链的上下游企业都有广阔的参与空间。

2. 泛终端操作系统

在移动互联网出现之前，传统的操作系统以Windows为主，到目前为止该系统仍然垄断PC机领域。但是在移动互联网出现之后，微软公司并没有提前布局，而是被谷歌公司的安卓系统、苹果公司的iOS系统这两大终端系统抢先，连早期比较领先的诺基亚塞班系统也与机会失之交臂。等微软公司和诺基亚公司认清发展趋势时，两大终端系统已经基本实现垄断，形成了"互联网生态黑洞效应"，此时微软公司和诺基亚公司也无力回天。在2021年以前，绝大部分的终端操作系统都不是我国研发的，如果不补齐这个短板，我国不仅很难在数字经济领域有所作为，并且还要面临网络监控、信息泄露等网信安全风险。庆幸的是，华为公司推出了鸿蒙系统。

在泛终端时代，网络电视终端、车联网终端、自主服务终端、VR与AR系统终端、智能家居终端、物流终端等各种终端将会涌现或升级换代，企业亟须抓住其时间窗口期，及时普及推广、完善生态，因为互联网最重要的就是生态，生态越大、应用越多、用户越多、价值越大、技术屏障越高，所以我国在泛操作系统这个新基建领域要加以政策倾斜。

3. 大数据中心

大数据中心作为基础设施本身包括两个层面：大数据集成交互平台和数据中心硬件设施。从国家层面来说，推动大数据中心的建设意味着要将不同省份和地区的数据进行纵向汇聚和横向打通，例如，我国一直在推动医保联网异地报销、公共安全大数据中心、交通车辆大数据中心、金融大数据中心、房产大数据中心、工商企业大数据中心等的建设，大数据中心的应用涉及社会的方方面面。以2020年新冠肺炎疫情为例，未来病毒研究P3/P4实验室将作为创新基础设施建设，但是关键是要将各个医院的病毒库、流行病学研究所、病毒实验室的数据进行汇总，形成病毒库防治大数据中心。一旦发现医院出现未知的病毒，可以立刻启动隔离应急预案，并将之上报病毒库防治大数据中心，启动国家应急响应。

云计算、大数据、物联网、人工智能等新一代信息技术发展迅速，数据量呈指数级增长，大数据中心的建设已成为趋势。世界领先的国家和公司已经开始了数字化转型之路，在这种形势的推动下，世界各国对大数据中心的IT投资呈现快速增长趋势。

数据规模增长预测如图13-4所示。根据赛迪顾问的数据，到2030年，我国数据行业的规模将占经济总量的15%，我国的数据总量将超过4000ZB，占全球数据总量的30%。数据资源已成为关键的生产要素。越来越多的行业通过使用结构化或非结构化数据资源（例如，物联网、工业互联网和电子商务）来提取有价值的信息。

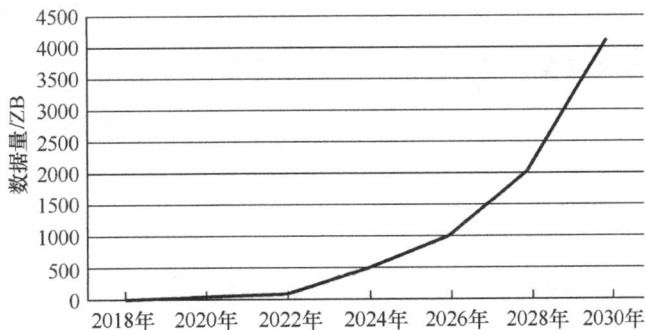

图13-4　数据规模增长预测

数据来源：赛迪顾问

4. 网络信用系统

移动支付虽然已经蓬勃兴起，但是在本质上仍然属于传统的金融基础设施下的移动互联网创新功能。互联网数据要实现正常流动，除了需要立法保障之外，还需要一个重要的系统，即网络信用系统。在物理世界，人们靠契约、纸质合同、银行背书来完成交易。在数字世界，人们依靠第三方支付担保，但是这还不够。于是有人提出了"区块链"等新概念，实际上是为了重建数字经济时代的信用机制。农业经济时代是以贵金属、金属货币或用物品作为一般等价物交换，工业经济时代是以国家主权和黄金拥有量为背书的纸币作为信用机制，而数字经济时代不仅仅要有货币，还要有信任机制，如果二者结合在一起就会更加完善。

5. 卫星互联网

在航空、航海、偏远山区等领域或区域，卫星通信需求量大。过去，我国民用位置定位较多使用的是美国的GPS系统，但是在未来，我国自己的卫星定位系统将会发挥重要作用。在卫星定位系统的基础上形成的卫星互联网，将带动车联网、船联网等场景的应用普及，为采集经济、渔猎经济等经济形态的融合应用奠定基础，并面向未来形成空天一体的6G网络。根据麦肯锡预测，2025年前，卫星互联网的产值可达5600亿～8500亿美元。2020年，北斗系统第55颗卫星成功入轨，这标志着拥有中国自主知识产权的全球卫星导航系统正式建成。

2020年5月，成都新经济企业上线全球首个卫星全直播互联网平台。在成都国星宇航科技有限公司与电子科技大学卫星产业技术研究院联合主办的"新基建"卫星互联网产品发布会上，全球首个卫星全直播互联网平台——"直播地球App"正式发布。这也是自2020年4月20日卫星互联网正式纳入国家新基建战略以来的首个卫星互联网产品发布会。

智能经济新基建与创新方向

数字经济时代之后是智能经济时代，相对于在数字经济时代领先的美国，我国只有提早布局才能抢占先机，这种布局恰恰是站在技术经济演进论的角度分析的，其主要包括两个方面：一是智能经济基础设施，包括AI芯片、量子计算机、AI泛终端操作系统、AI云架构系统、智联网；二是专用人工智能融合基础设施，选择数字经济发展较好的行业，例如，政务、交通、金融、网络媒体、教育等，快速提前布局人工智能。最重要的是还要布局智能经济创新中心，即以科研的形式去研发布局面向未来的技术。

1. AI芯片创新

AI芯片分为图形处理器（Graphics Processing Unit，GPU）、半定制化芯片（Field-Field Programmable Gate Array，FPGA）、全定制化芯片（Application Specific Integrated Circuit，ASIC）。在全球AI芯片制造公司排行榜中，前三名为英伟达、英特尔和恩智浦，该排行榜中共有7家中国AI芯片公司入围榜单Top24，其中，华为公司位列12名，其余6家中国公司分别为联发科、Imagination、瑞芯微、芯原、寒武纪、地平线。

AI芯片是智能经济时代的核心部件，是智能经济的基础设施。与传统的钢筋水泥不同的是，这些核心部件需要多学科融合的高精尖技术。我国在AI芯片领域可以通过产业基金的形式提前布局，从而掌握未来的主动权。

2. 量子计算机创新

随着数字经济的发展，计算需求量也在同步呈指数级增长的趋势，世界各国都在大规模兴建大型数据中心、超大型数据中心、中小型数据中心、边缘计算中心以实施云计算和各种网络服务，这一方面推动了经济增长，另一方面也导致资源能源的大量消耗。专家预测，2025年信息与通信技术（Information and Communications Technology，ICT）行业耗电可能占全球电力的20%，该行业可能成为全球节能减排目标的阻碍，并会导致供电吃紧，而且摩尔定律等规则正在走向极限，人工智能时代需要的算力是数字经济时代的100倍以上，如果不发展更快速的计算能力，人类会遭遇比特瓶颈。传统的数据基本单位是比特，一个比特只能表达0或1中的一个状态，而单个量子比特由于存在叠加态特性，因此既可以表达0也可以表达1，这种差别会导致两者在信息表示上有着指数级差异，1台n位的量子计算机等于2^n台n位的传统计算机并行计算，由此可见，每多一位逻辑比特，量子计算机的优势就会呈现指数级增长。量子计算机采用并行运算模式，电子计算机采用串行运算模式。量子计算机的发展可以分为量子计算器、专用量子计算器和通用机3个阶段。这个发展过程类似人工智能从专用AI到通用AI的进程。

3. AI泛终端操作系统创新

从Windows系统诞生到现在30多年的时间里，操作系统经历了从PC端到手机端、从个人计算机到服务器、从固定互联网融合到移动互联网融合的转变。在互联网阶段，人、计算、机器、物品、泛终端广泛互联，如果企业没有抓住发展机会，就会出现诺基亚、微软、飞信等案例的后果。诺基亚没有考虑到后续移动通信带宽的增长给移动端操作系统带来的巨大影响；微软一直坚持PC端操作系统而忽略了移动端操作系统，等其反应过来时，安卓和iOS系统已经占领市场；飞信产品也是如此，当通用天线分组业务（General Packet Radio Service，GPRS）时代的智能手机雏形刚刚面世时，飞信比现在的微信、QQ功能先进，它却没有抓住移动互联网B2C的重要窗口期。

目前的三大操作系统都是美国产品，但是面向智能经济时代的AI泛终端操作系统还没有出现，这是我国AI软件开发创新者面临的重大窗口机遇期。AI泛终端包括人机对话界面与其他各种全新的AI终端操作界面。在智能经济时代，终端数量将是现在的上百倍，只要有电能的地方都可以有AI终端，这与物联网的数量几乎是一样的。2020年，软件开发人员和人工智能技术人员合计达到1000多万，如果我国能举全国软件人员之力从现在开始部署这一操作系统，开发自己的AI编程语言，形成体系，做好开源生态，并将其广泛应用于智能手机、智能音箱、车联网终端、各种自助服务终端，那么将开创出一个全新的中国软件业生态。

4. 6G网络创新

2020年2月，第34次国际电信联盟无线电通信部门5D工作组正式启动了面向2030年及6G的研发工作，初步形成了6G研究时间表，其中包括未来技术趋势研究报告、未来技术展望建议等关键节点。要实现全球的无缝覆盖，单靠一项技术是很难实现的，因此在6G时代，必将是由地基、海基和天基网络构成的分布式跨地域、空域、海域的"空天海地"一体化网络。6G与5G网络关键性能指标对比（预测）见表13-4。

表13-4　6G与5G网络关键性能指标对比（预测）

指标	6G	5G
速率指标	峰值速率：100Gbit/s～1Tbit/s 用户体验速率：Gbit/s	峰值速率：10Gbit/s～20Gbit/s 用户体验速率：0.1Gbit/s～1Gbit/s
时延指标	0.1ms，接近实时处理海量数据时延	1ms
流量密度	每平方千米100Tbit/s～10000Tbit/s	每平方千米10Tbit/s
连接数密度	最大连接数密度可达每平方千米1亿个连接	每平方千米100万个连接
移动性	大于1000km/h	500km/h
频谱效率	200bit·s^{-1}·Hz^{-1}～300bit·s^{-1}·Hz^{-1}	可达100bit·s^{-1}·Hz^{-1}
定位能力	室外1m，室内10cm	室外10m，室内几米甚至1m以下
频谱支持能力	常用载波带宽可达到20GHz，多载波聚合可实现100GHz	Sub 6GHz常用载波带宽可达100MHz～200MHz；毫米波频段常用载波带宽可达到400MHz～800MHz
网络能效	可达到200bits/J	可达到100bits/J

6G时代将呈现出物网融合的新态势，当前网络标准制式的发展速度已经超前布局，5G网络的建网周期将为2020—2030年，6G属于2030年之后的移动通信系统，未来对于6G网络的研究和标准依然要把握先机，占领科技制高点。6G网络整个产业链将采用中国自主研发的设备，而一些产业链末端的配件可以由其他国家来提供，实现我国整个通信网络设备、材料研发从中低端迈向中高端。

5. 智联网创新

在数字经济时代，互联网思维强调节点价值，如果围绕一个节点建立越多的连接，则该节点的价值越大，即麦特卡尔夫定律的补充定律，以此规律为基础诞生了诸如谷歌、Facebook、百度、腾讯、阿里巴巴等互联网企业。其他的中小型互联网公司如果开展同质竞争，在大量资金投入后，要么被兼并要么就悄无声息地消失了，这就是互联网生态的黑洞效应。而在人工智能时代，这种发展模式是不可持续的，未来，专用人工智能在各领域快速发展的同时也会带来社会研究成本的大幅上涨。例如，如果每家企业都重新研究机器学习就会形成"智能孤岛"现象，造成社会成本的巨大浪费。如果人工智能借助分享经济模式发展，则智能经济极有可能是"智联网"时代，如果所有从事机器学习的开发和研究机构、企业同时协同，具有相关专利的企业以收取相关的专利费的形式进行合作，将专用人工智能平台、终端、算法资源等进行联网，那么将加快专用人工智能向通用人工智能的演进。

人工智能作为新的基础设施领域之一会反哺数字经济、工业经济的发展，也会促进5G网络升级，智能电网、城市大脑、工业互联网、大数据等技术的结合将推动许多行业的快速发展，并为许多领域的数字智能转型奠定基础。

据相关机构预测，到2025年，全球人工智能市场规模将超过6万亿美元，年复合增长率为30%。在我国，面向消费者的人工智能产品（例如机器人、智能音箱和无人机）已非常流行。智联网是人工智能之间的算法共享、资源共享、机器学习共享，数字经济时代诞生了共享经济模式，但是由于共享经济模式没有涉及更多高价值领域，所以它没有真正成为社会主流。而到了智能经济时代，我们可以实现人工智能终端的联网，让智联网成为主流。

附　录

一、基于技术经济名词解释（技术类）

技术名词	隶属阶段	基于技术经济演进论的特点分析	当期技术成熟度	热点领域
大数据	数字经济互联网阶段	数字化、互联网、物联网堆积大量的数据，但是由于"信息孤岛"、数据分析能力的不均衡，所以数据没有得到充分利用	成长期	企业数据治理、企业"驾驶舱"
数据中心	数字经济互联网阶段	相当于工业经济时代的"港口"和"交通枢纽"	成熟期	机电设备与工程、微模块、工程总包
物联网	数字经济互联网阶段	互联网是连接人与人，物联网是连接人与物	成长期	数字传感器、信息杆、智慧停车、智慧环保等垂直领域
工业互联网	数字经济互联网阶段	互联网从服务业向工业反哺，机器与网络融合	萌芽期	生产仿真、设计流程仿真
边缘计算	数字经济互联网阶段	解决云计算时延问题的雾计算，可将其比喻为本地数据流的小枢纽	成长期	工业边缘计算、车联网边缘计算
量子通信	数字经济互联网阶段	属于保密通信范畴	萌芽期	传输骨干网、涉密专网
数字孪生	数字经济数字孪生阶段	再造一个虚拟世界	萌芽期	BIM、CIM、工业数字孪生
建筑信息模型（BIM）	数字经济数字孪生阶段	数字孪生在建筑领域的体现	成熟期	BIM正向设计、装配式建筑延伸
云计算	数字经济互联网阶段	算力与存储服务，使数据像自来水一样变现	成熟期	公有云、私有云
云网协同	数字经济互联网阶段	确保云服务的可靠性、可用性和可扩展性	成长期	软件定义网络
3D打印	数字经济数字孪生阶段	将数字世界的物体变成现实	成长期	非标零部件3D打印定制
4D打印	数字经济数字孪生阶段	4D打印比3D打印多了时间元素，可自动变形	萌芽期	
增强现实（AR）	数字经济数字孪生阶段	将物理世界与数字世界进行融合	萌芽期	工程建设、工业维修
虚拟现实（VR）	数字经济数字孪生阶段	从物理世界进行数字世界的"虫洞"	萌芽期	云展览、网络游戏
无线城市	数字经济数字化阶段	提供公共网络服务	衰退期	
数字城市	数字经济互联网阶段	城市政府局委办数据的融合和共享	成熟期	行业管理信息化平台
数字政务	数字经济互联网阶段	数据多跑路，群众少跑腿	成熟期	政务网

（续表）

技术名词	隶属阶段	基于技术经济演进论的特点分析	当期技术成熟度	热点领域
智慧城市	数字经济互联网阶段	物联感知、数据协同	成长期	城市大脑、城市应急指挥中心
数字孪生城市	数字经济数字孪生阶段	智慧城市发展的载体和突破口	萌芽期	CIM+GIS、城市地下管网设施孪生系统
人工智能城市	数字经济专用AI阶段	交通、医疗、公共安全等领域的人工智能应用	萌芽期	
人工神经网络	数字经济专用AI阶段	通过模仿人类思考逻辑达到计算机智能	成长期	深度学习、人脸识别、图像识别
工业机器人	智能经济专用AI阶段	工业领域的专用人工智能	成长期	搬运机器人、生产线装配机器人、物流AGV、快递分拣机器人
服务机器人	智能经济通用AI阶段	生活场景、教育培训的辅助性工作	萌芽期	配送机器人、扫地机器人、迎宾机器人
车联网	数字经济—互联网阶段	车—路—云互联，提升交通效率和安全	萌芽期	车载终端OBU、路侧单元RSU、测试系统
无人驾驶	数字经济—互联网阶段	从L0~L5级逐步演进，单车智能路线	萌芽期	激光雷达、毫米波雷达、车载驾驶脑
智能网联汽车	数字经济—互联网阶段	从L0~L5级逐步演进	萌芽期	车载终端OBU、路侧单元RSU、测试系统
车路云协同	数字经济—互联网阶段	车联网发展的基础设施	萌芽期	
高精静态地图	数字经济—数字孪生阶段	车联网的基础设施	成长期	
高精动态地图	数字经济—专用AI阶段	无人驾驶的基础设施	预研阶段	
地基增强	数字经济—互联网阶段	辅助北斗系统进行定位精确度差别化服务	成长期	建筑、测绘、车联网示范工程、导航
1G	工业经济—模拟化阶段	模拟信号，解决语音通话	退出期	不涉及
2G	数字经济—数字化阶段	数字信号，语音、短信、极少量的数据	衰退期	窄带物联网
3G	数字经济—数字化阶段	数字信号，低流量网页浏览	衰退期	退网频率重耕
4G	数字经济—互联网阶段	数字信号，催生移动互联网丰富业态	成熟期	移动互联网、小视频、网络直播等丰富平台
5G	数字经济—数字孪生阶段	广覆盖、大连接、低时延等所有移动业务	成长期	远程医疗、车联网、工业互联网、高清视频、全息投影、8K、VR/AR等
6G	数字经济—专用AI阶段	太赫兹、物网融合、超高速超带宽等所有移动业务	预研期	物网融合产品、天地一体网络研究、太赫兹芯片、天线研发

二、基于技术经济名词解释（经济类）

经济名词	隶属阶段	基于技术经济演进论的特点分析
知识经济	数字经济—互联网阶段	泛指通过数字化、互联网手段分享知识，为组织、团体、社会减少重复探索成本
知识管理	数字经济—互联网阶段	从数据到互联网信息的演进，衍生知识的汇聚、加工，以及整合供应商
信息经济	数字经济—互联网阶段	通过信息化手段提高效率，而不是仅靠传统的土地、资本等生产要素
信息化	数字经济—互联网阶段	数据按照一定的规则排列，记录事实本身，描述物理世界，促成新的生产方式、生活方式
信息消费	数字经济—互联网阶段	产业数字化，通过信息的传递带动商品和服务的销售和交付。数字产业化，通过直接消费数据和知识付费来完成消费，通过传统消费品增加信息化附加值完成数据要素商品化
"两化"融合	数字经济—互联网阶段	在推动工业经济时代工业化的同时借助数字经济时代的数字化、工业互联网推动信息化在工业企业的落地，借助工业企业信息化推动传统工业企业转型
三化融合	智能经济—专用AI	通过工业化、信息化、智能化，三化融合发展，提速工业经济
信息消费	数字经济—互联网阶段	产业数字化，数字产业化